シチリア・マフィアの世界

藤澤房俊

講談社学術文庫

はじめに

「シチリア。道化芝居と悲劇が絶え間なく繰り返されるその人間の大スペクタクルをよりよく理解するには、マフィアをわかる必要がある」。これは、一九八四年一月にマフィアによって殺された作家ファヴァの『シチリア人』の中にある言葉である。

だが、マフィアを知ること、理解することはそれほど簡単なことではない。マフィオロジーア（マフィア学）、マフィオーロゴ（マフィア研究者）という言葉があるほど、イタリアにはマフィアに関する研究の膨大な蓄積がある。歴史学、社会学、文化人類学、犯罪学、経済学、心理学など、さまざまな角度からマフィアが研究され、論じられている。これらの研究のほかに、反マフィア委員会の調査報告、マフィアに関する事件をあつかったルポルタージュ、マフィアと政治家の癒着を告発する類のものなど、その数はおびただしい。

このように多くの人によって研究され、語られているにもかかわらず、マフィアの実態が完全に解明されたとはいいがたい。個々の現象面においてマフィアの一部分を明らかにしたものはあるが、マフィアの核心、あるいはそのトータル・イメージを満足させる形でわれわれに提示したものはないのではなかろうか。
他方、マフィア現象の一部分を誇張して描いた小説や映画によって、マフィアのイメージが独り歩きしている状況もある。作られたマフィアのイメージが、マフィア現象をますます神秘化し、われわれの想像力を一層かき立てている。そのような風潮に対して、パレルモのある枢機卿は、怒りを込めて次のように述べている。

出版物、ラジオ、テレビを通じて、執拗な宣伝がおこなわれることによって、マフィアがシチリアを広く深く腐敗、堕落させ、シチリア人はほとんどマフィアであると、イタリアでも外国でも信じられるようになった。

シチリア人はマフィアであるというイメージを作り出したのは、決して小説や映画による影響だけではなかった。
筆者は、一九世紀の西部シチリアにおける民衆運動を研究テーマにしている。その研究の過程で、イタリア統一後のパレルモの民衆反乱の要因をマフィアと断じる政治家の発言、そして、そのことを口実に民衆反乱の真の要因を隠蔽《いんぺい》しようとした事実を史料の中で見出した。このように、マフィアの存在を操作した政治的作意が歴史的に存在した事実をも見落とすことができない。

では、マフィアとは何なのか。なぜそれがシチリアに生まれ、それがどのように発展し、いまシチリアの、そしてイタリアの恥部とさえいわれるものとなったのか。

マフィアがわからねばシチリアは理解できないというファヴァの言葉に、ゲーテの「シチリアを見ずしてイタリアをはっきり知ることはできない」という表現がからんでくる。マフィア、シチリア、イタリアは足にまつわる一連の鎖のように、歩くたびにジャラジャラと音をたてて私から離れない。その鎖のひとつマフィアを取り除こう。そうすることによって、シチリアの、イタリアの理解が一歩深まるのではないだろうか。このことが、この本を執筆するにいたった主たる動機である。

イタリア全土

シチリア全土

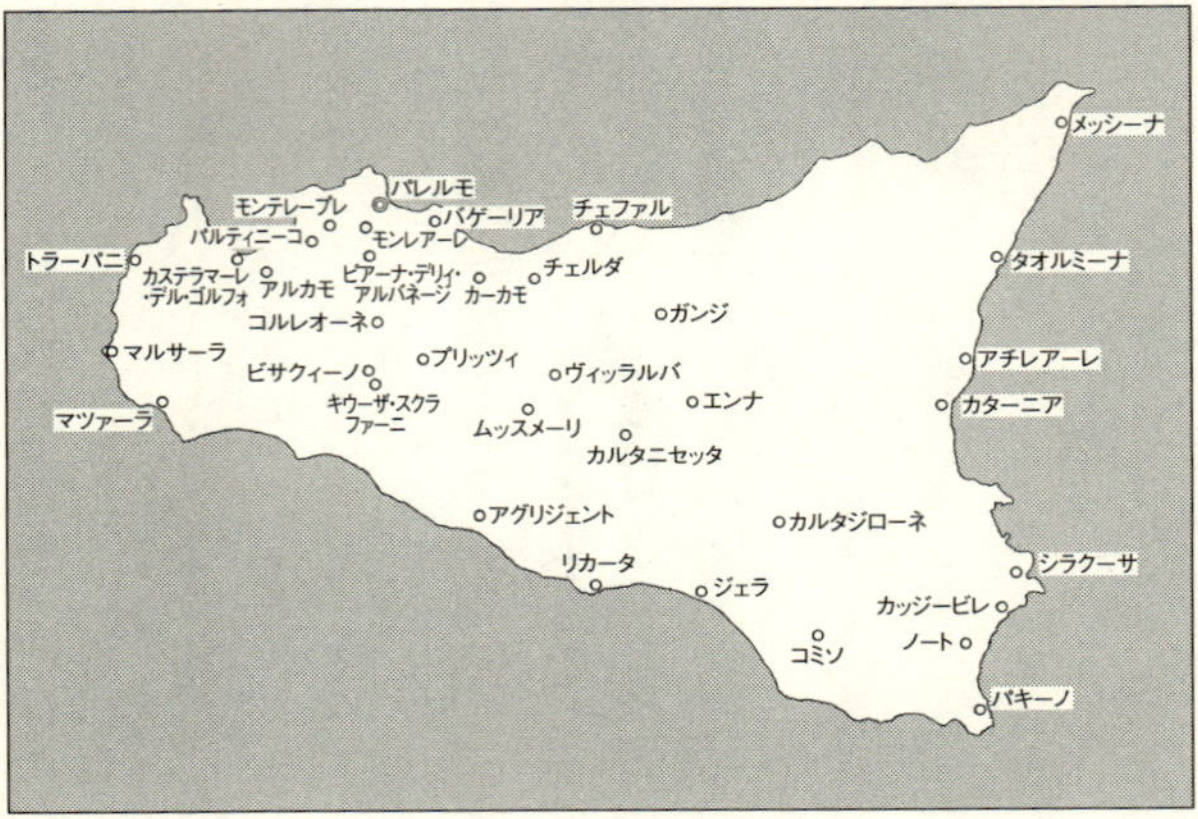

目次

シチリア・マフィアの世界

第一章　マフィアの誕生

1　名誉とオメルタ

シチリア人の心理的メカニズム

シチリアの農村を休日に訪ねると、町や村の中心にある広場で異様ともいえる光景に出くわす。日に焼けてたくましい男たちが、正装に近い黒い服を着込んで、何をするというでもなく所在なげにたむろしている。その中のある者はひそひそ声で話をし、またある者は仲間と腕を組んで、狭い広場をゆっくりと行ったり来たりしている。広場に面したバール（コーヒー店）の前に置かれたテーブルでトランプに興じている者もいる。その光景は墓地に集まる「カラスの集団」のようにも思える。

この男たちだけの群は、正午の教会の鐘が鳴るや、一人減り二人減りして家々に散っていく。午後になると、今度は妻や恋人をともなって男たちがふたたび同じ場所

広場に集まった男たち

に、どこからともなく湧き出るように集まってくる。この光景は、いつのころからか定かでないが、思うにかなり古い時代から今日にいたるまで、休日ごとに、あきることなく繰り返されているのではなかろうか。

その広場をよそ者が通ると、そこに居合わせた者すべてが話をやめ、歩みを止め、そのよそ者に視線を集中する。その視線は、好奇のものとは違う。警戒心と猜疑心によるものである。水をうったような静けさの中を歩く後から、背中にはりつくかのような何十という視線を痛いほど感じる。それは一種の恐怖であり、強烈なカルチャー・ショックである。

化石化したようなその習慣の中に、私はシチリア人の気質の一部をはっきりと感じとった。それはシチリアの歴史的特徴と切っても切り離せないほどしっかりと結びついたシチリア人気質といえるものかもしれない。

シチリアは、古代ローマ支配時代からの大土地所有制によって、その支配者階層の富と権力の根幹を形成した。この大土地所有制は、シチリアの単に経済的・社会的側面だけでなく、政治的・道徳的側面においても決定要因として機能し続けた。それだけに、大土地所有制という経済構造を抜きにしてはシチリアの歴史は語れない。一九五〇年代におこなわれる農地改革まで、大土地所有制がシチリア社会の重要な決定要因であり、かつての封建領主で、バロナッジォと呼ばれるきわめて限られた大土地所有者層によって、シチリアは支配されていたのである。

シチリアが戦後の混乱の中にあった一九四五年、アリアーノは、『このシチリアは何か』と題する小冊子を出版している。その中で、バロナッジォのもつ意味を次のように指摘している。

純粋なシチリア人は、その人格において、生まれながらの貴族としての心理的・道徳的諸特徴を再生する術を知っている。その特徴とは、強い自尊心、寛大さ、騎士道精神、復讐心、本質的な保守性、徹底した正統派、言葉に忠実、友情・遺恨に筋を通すこと、である。シチリアの歴史的変遷過程で、バロナッジォは退行していくが、その特性は、ゆるやかな同化によって、最も下層な民衆にまで浸透していった。

オメルタ（沈黙）とは

シチリアの最も下層な民衆にまで浸透したシチリア貴族の特性とは、ひとことでいえば、名誉とオメルタ（沈黙）にほかならない。オメルタは翻訳不可能な言葉である。シチリアの著名な民俗研究者であるピトゥレの定義によれば、オメルタは謙遜ではなく、誠実、信頼、強さを意味する。そして、その表現形態が沈黙である。このピトゥレの定義も十分ではない。オメルタとは、シチリアの社会的雰囲気の産物として、あるいはシチリア人の身体に長い間に刷り込まれた極端に慎重な行動形態として理解されねばならない。その場合、暴力からの自己防衛の行為、つまり暴力に対する恐怖から生じる沈黙ということになる。あらゆる暴力から自己を防衛するために、「見ざる、聞かざる、言わざる」という行動形態をとる。このことが、一般的に理解されるオメルタの意味である。

だが、これ以外に忘れてならないことがある。それは、国家あるいは法の権威に対するシチリア人の不信あるいは反抗の表明として、オメルタを理解しなければならない。シチリアは、古くはフェニキア人、ギリシア人、ローマ人、アラブ人、フランス人、スペイン人、そしてイタリア人によって支配された。絶えずよそ者に支配されたシチリア人の固有の武器、掟《おきて》、法がオメルタであった。よそ者の法を犯した者を救うために、被支配者としての連帯意識をもって、沈黙を守り、支配者に対する抵抗の姿勢を示す。この行為もオメルタとして理解されねばならない。

オメルタというシチリア人の心理的メカニズムの基本に名誉という感覚がある。圧制者の横暴に抵抗する者、強者から弱者を守る者、つまり力のある者が名誉の対象となった。それは、よそ者から共同体的世界とそれを構成する人間を守ることである。ある者がたとえ国の法に従って正義を働いたとしても、共同体の利に反することであれば、友人、親戚、共同体に対する裏切り行為、つまり不名誉な行為とみなされることになる。そこでの不名誉は、一個人にとどまるものではなく、家族や共同体の不名誉でもあった。ピア・ディ・ベルラは、地中海社会で決定的な重要性をもつ血縁と家名の二つの要素のバランスをとるものとして名誉があるという。家族、家の名誉は、とりわけ女性の行動に依存する血の純血性と、男性の素質に依存する名の一体性のバランス状況によって決定される。家名あるいは血縁が傷つけられ、けがされれば、その家族あるいは集団は不名誉となる。名誉を挽回し、家名と血縁のバランス状況を回復するのが復讐である。家族の名誉の中で、とりわけ重要視されるのが女性の純血、貞節である。

マフィア精神

シチリア出身で一八九〇年から共和党の下院議員であったコラヤンニによれば、シチリア人の特性のひとつである名誉という感覚にもとづくオメルタという行動形態こそがマフィアの法であるという。このマフィアの精神ともいえるものについて、スクルティは次のように述べている。

マフィアはシチリアに特徴的でオリジナルな表現である。イタリア本土から古代、中世にやってきた人種の自然な退化である。かれらは、シチリアの大土地所有地で苛酷《かこく》な生活を送らねばならなかった。シチリアの土地を自分のものとするためにやってきた侵略者の暴力、農民に対する土地貴族の暴力、乾燥し、マラリアの蔓延《まんえん》する風土の暴力、農民から搾取する借地人の暴力、強者が弱者におこなう暴力、農民大衆に対する市民階級の暴力、仕事を獲得するための労働者間の暴力の中で、シチリアの土地をもたない農民は苛酷な生活を強《し》いられて生きてきた。この地獄のような生活の中で、地獄に落ちたくない者は悪魔にならざるをえない。マフィアは一個人の尊厳と生活手段を保証するためのひとつの悪魔の行為である。マフィオーゾは個人の固有の力の中に、恨みをはらす方法を求める人間である。その方法を見出した時、言葉、衣服、態度の特別なスタイルがそれを示し、それを行為で証明する。

このスクルティの指摘は、次のように要約することができる。苛酷な生活に耐えられなくなった状態で、本能的に反発・反抗するという、いうなればさまざまな暴力に対する忍耐の限界を超えた時に、反撃に出る、その表現としてのマフィア精神である。その場合、行動に移しうる勇気のある、力のある者が「名誉ある人間」として、マフィオーゾと理解された。現代イタリア文学者の一人でシチリア出身のシャーシャは、次のように述べている。シチリア人の典型的な生き方あるいは尊敬に値する者に対する必然的にともなう仰望の行為、名声が歪曲された形態をマフィアとする。マフィアは自らを「尊敬される人間」と規定する。ただ、マフィアという言葉は、その現象の広がりにともなって、そのもつ意味が多様化されるとともに、あいまいなものとなった。

マフィアの人間もかれらの間でマフィアという言葉を使用しないし、その名前で自分たちが規定されることを拒否する。そして、マフィアの人間と呼ばれる者は、「マフィアは存在しない。マフィアとはジャーナリズムが作り出したものである」という。ヘスの言葉を借りれば、「マフィアの人間とは自分でマフィアの人間であろうと思う者ではなく、そのようにみなされる者である。公衆がマフィアの人間を作り上げる」。ここに、マフィアという実態とわれわれの描くマフィアのイメージとの大きなギャップが存在している。そのことが、マフィアの理解をますます困難にしているともいえる。

ホブズボームは小文字のｍで示されるマフィアを、国家の法体系にもとづく公的秩序が確立されていない社会、公的権威に敵意を抱く市民の社会に存在し、そこで全般的に承認された行動規範として理解している。こうした行動規範は、シチリアをひとつの民族と意識した自治や独立という明確な政治的イデオロギーの核として、よそ者のさまざまな介入に対するシチリア人の漠然とした団結心の表現であるシチリア主義につながるものをもっている。その例として、後述するシチリア出身の政治家オルランドが一九二五年の選挙演説で述べた有名な言葉、「マフィアが名誉という意味で理解されるならば、私はマフィアの人間であることを宣言する」をあげることができる。

マフィアの語源

マフィアの言葉の意味とその語源についてはさまざまな解釈が存在しており、一致をみていない。ヘスによれば、マフィアという言葉が最初に使われたのは一六五八年であるという。その場合、Maffia とfが二つになっており、魔女の通称で、大胆、高慢、恐怖を与えること、悪魔を追い払う能力の意味をもっていた。一九世紀になると、fは一つとなり、美しさ、勇敢、高慢、尊大、そして時には優雅さあるいは愛らしさという意味をもつにいたった。その他に、マフィオーゾであるという場合に、男らしいという意味をもち、男の中の男ということになる。何をしなければならないかを的確に認識し、それを確実に実行に移しうる男がマフィオーゾと理解された。

語源については、アラビア語の空威張りをする人という意味をもつ Mahis に求める研究者もいるが、ヘスは、シチリアにやって来たアラブ人が立てこもったり、避難所としたシチリア西部のマルサーラの凝灰石の採石場を意味する Mafie を語源と主張する。この説に関連して、一八六〇年のガリバルディ率いる「千人隊」のシチリア上陸の時期に、マルサーラの採石場に隠れた反乱者をマフィオーゾと呼ぶという説もある。マフィアの語源をアラビア語に求める説はその他にもある。

パリツォーロは、アラビア語の「健康、勇気、力」を意味するmuと「保護」を意味するafaが合成されたという説をとる。そして、一〇〇〇年ごろのイスラーム教徒のシチリア支配の時代にまで、その起源をさかのぼらせ、イスラーム教徒が自分たちの法に反抗し従わない者をマフィオーゾと呼び、さらに一二八二年の「シチリアの晩禱」ではフランス支配に反乱を起こしたシチリア人をマフィアと呼んだとし、その後一八六一年のイタリア王国樹立までにマフィアはさまざまな形態をとるようになったという。

反国家的な秘密結社という解釈

ベイドは、マフィオーゾを組織のメンバーという意味で使っている。一八六三年に上演されたリッツォットの戯曲『ヴィカリーア刑務所のマフィオージ』で、マフィアが秘密結社の同義語として使われている。ベイドは、この戯曲で使われたマフィオージという言葉がその後の犯罪的秘密結社マフィアのイメージ形成に重要な役割を果たしたという。マフィアを一八世紀初頭の秘密結社「ベアーティ・パオリ」と同じように、血の入会儀式をおこなうものとして神秘化する説もある。一九世紀初頭の、ナポリのブルボン朝支配下にあったシチリアの警察報告でも、マフィアを秘密結社あるいはひとつの政治勢力としてとらえ、それを法的秩序に反抗する存在であり、統制下に置かれるべき存在であるとしている。

イタリアが統一国家を形成した三年後の一八六四年に、トゥルリージ・コロンナがシチリアの公安秩序に関連して、漠然とした説明ではあるが、マフィアの発展とそのさまざまな社会階層との複雑な関係について論じている。かれによれば、公安秩序の維持という観点から危険なのは野党でも、無法者の集団でもなく、シチリアの全県に広がる秘密結社である。その秘密結社に、農村の抜け目のない青年、農地監視人、密輸をおこなっている者の多くが毎日のように加入している。その秘密結社は、加入者に保護と恩恵を与え、公的権威をまったく恐れない存在であった。

マフィアを秘密結社とする見方とならんで、それを犯罪組織としてとらえる主張は、とりわけ警察や司法関係の側からなされたものである。イタリアが統一国家樹立直後にシチリアに導入した徴兵制を拒否して山賊と化した徴兵忌避者の掃討において、山賊も含めたマフィアは近代的政治システムに適合できない犯罪組織として位置づけられている。また、イタリア政府は、一八六六年にパレルモに起こった民衆の反乱において、統一国家に敵対する勢力がマフィアという犯罪組織と結託していると主張した。ファシズム支配期にあっても、マフィアを犯罪組織としてとらえる立場は、司法関係者に一貫してみられる。その時期に判事をつとめたロ・スキアーヴォは、マフィアを単にシチリア人のメンタリティではなく、犯罪的現象と規定した。パレルモ近郊のモンレアーレの例をとって、規約、厳格な訓練、暗黙の、そして厳格な絆《きずな》で結ばれたコスカと呼ばれる組織からなる犯罪組織の集合体としてマフィアをとらえた。しかし、マフィアは、その発生において、「唯一の指導者と固有の規約をもつ、権力が一点に集中する犯罪組織ではなかった」。

入会儀式をおこなう「コーザ・ノストラ」

マフィアを、血の誓いによる神秘的入会式をともなう秘密結社とする解釈はいまだに根強く残る。アメリカ・マフィア、つまり「コーザ・ノストラ」(われわれの事柄、行動を意味する）のバラキは法廷でおこなった証言で、秘密結社の入会式に似たものがマフィアにも存在することを明らかにした。

ニューヨークの「コーザ・ノストラ」の勢力争いで、カステラマレーゼ戦争と呼ばれる抗争が続いていた一九三〇年に、バラキは「コーザ・ノストラ」の正式のメンバーとなった。その時の血の宣誓式を次のように述べている。

まず一枚の紙をコップのように手をまるめたところに入れ、それを燃やした。その紙を前後に動かしながら、「もしコーザ・ノストラの秘密をもらせば、わたしはこのようにわが身を焼こう」と誓いを立てた。その後、銃の引金を引く人差指の先をピンで刺し、血を押し出した。この血は、ファミリーの一員として結ばれたことを意味した。この証言によって、第二次世界大戦後に「コーザ・ノストラ」と緊密な関係を結ぶマフィアが一種の秘密結社とみなされるようになったと考えられる。

マフィアの質的変化と時代区分

時代の変遷の中で、シチリア・マフィアは、アメリカの犯罪組織である「マーノ・ネーラ」（黒い手という意味）、「コーザ・ノストラ」と関係を深め、いまや多国籍企業なみに発展した感がある。だが、シチリアに生まれた民衆の行動規範にもつながるマフィアと現在の犯罪組織マフィアは、その歴史のルーツにおいてつながるものであるにしても、まったく別の現象と考えねばならないし、それぞれ別の次元で論じられねばならない。現在のマフィア、いうなれば麻薬の生産から販売網まで一手におさえる、あくどい手法の犯罪組織であるニュー・マフィアは、「シチリア西部の農村の生の顕示」、「暴力のサブ・カルチャー」であったオールド・マフィアの容貌と構造をいまや完全に変えてしまった。

それだけに、マフィアの活動内容にそくした時期区分をおこなう研究者もいる。たとえば、アルラッキはイタリア統一から第二次世界大戦までを第一期とし、それを伝統的・歴史的なマフィアの時期とする。第二期は、活動の場が農村から都市へと移り、新しいマフィアと古いマフィアの抗争が激化する、一九五〇～六〇年のマフィアの危機の時期である。第三期は、麻薬取引や建築業にマフィアが進出し、そこを主たる活動の場とするようになる、一九七〇年以後の企業家としてのマフィアの時期である。

2　農村から都市へ

マフィアの誕生と発展

では、一般にオールド・マフィア、あるいは歴史的マフィアと呼ばれる現象がいつごろから現れ、どのような機能を果たすようになるのか。そのような問題からみていくことにする。このことは、マフィアが農村から都市へと活動の場を移し、ニュー・マフィアあるいは企業家としてのマフィアへとその姿を完全に変える歴史的変遷を知る上でも重要かつ不可欠なことといえる。

大土地所有地

マフィアは、一九世紀に、シチリア西部のパレルモ、トラーパニ、そして中部のカルタニセッタの小麦の耕作がおこなわれた大土地所有地で誕生した。マフィアは封建制の残存現象ではない。それは、経済的・社会的発展をともなわないまま、近代化の荒波にのみこまれたシチリアの農村社会にあって、国家権力の弱体を補完するものとして発生した。そのようなマフィアが、農民大衆を支配する階層の政治的・行政的管理の中で力を発揮することとなった。

アロンジは、マフィアをシチリア人のメンタリティの中に求めることができると認めた上で、それをひとつの現象に作り上げた歴史的、経済的、政治的・行政的要因を次のように指摘する。歴史的要因とは、土地貴族と農民の間に介在する農村ブルジョアジーが、極貧、道徳意識の退廃、社会秩序の混乱、荒廃した社会状況を固定化することによって、自らの利益を引き出そうとした行為である。経済的要因とは、ローマ帝国以来、ラティフォンド、つまり大土地所有制が存続し、その農業構造の中で農民は農奴に等しい状況に据《す》え置かれ、その結果、農民の経済的・政治的な自立が阻まれたことである。政治的・行政的要因とは、マフィアが地方の政治・行政を隠れみのとし、そこで恩恵と庇護にもとづく行動を展開したことである。

保護者としてのマフィアは恩恵を農民たちに与え、被保護者の農民たちはマフィアから庇護を受ける関係ができた。この恩恵と庇護の関係、いわゆるクリエンテイズモは、選挙における集票などにおいて政党に奉仕する政治的機能を果たすようになり、制度化されていった。マフィアが、クリエンテイズモを通じて、政治・行政とのリンクを絶えず求めたことは、他の犯罪組織と区別しうる重要な特徴である。そのことが、マフィアの存続と拡大を許した最も重要な要因である。レンダは、この点について次のように述べる。

シチリアにおけるマフィア支配の存続と拡大の非常に重要な因果的要素は、マフィアが公的諸権力、とりわけ行政および官僚機構、さらに政治権力と結んだ諸関係によって明らかに作り出された。

その場合、政治権力とは、単に国家レヴェルの支配的政党だけをさすのではなく、クリエンテイズモによって重層的に張りめぐらされた政治の網の中で、利用しうるさまざまな政治勢力を意味する。マフィアの存続と拡大を可能にしたこの政治との関係については、続く章で詳しく述べる。ここで指摘しておかねばならないことは、次の点である。マフィアの政治勢力や公的権力との癒着と、マフィアと対決しえない国家の無能は、いうなれば表裏一体の関係であるということである。このことは、国家がマフィアに与えた「身分証明書」といえるものであった。

大土地所有者とガベロットの関係

アロンジの指摘でも明らかなように、マフィアの誕生はシチリアの土地制度を特徴づける大土地所有制と不可分な関係にある。国王の前で帽子をかぶる権利を与えられていたシチリア西部の貴族で、大土地所有者の平均的な地所は、ゆうに一〇〇〇ヘクタールを超えていた。かれらの多くは、封建的メンタリティの残滓《ざんし》として、直接労働に従事することが貴族階層の慣習に反し、その特権を喪失することになるとして、パレルモ、ローマ、遠くはパリに住む不在地主であった。

一八世紀に始まる経済構造の変化の中で、土地貴族としての地主は、生産効率をあげるために大土地を一〇ヘクタールほどに分割し、それを借地人にゆだねた。その小さく分割された借地をマッセリーアという。その場合の地代は、基本的には農産物収穫量をほとんど考慮しないガベッレと呼ばれる固定地代であった。地代は貨幣ではなく農作物によるものが多かった。マッセリーアをガベッレで借り受けた借地人をガベロットと呼ぶ。不在地主にかわって農場の経営を切りまわすのは、このガベロットであった。

ガベロットは、土地貴族から借りた農地を細分化して農民に又貸しした。ガベロットは、不在地主の土地貴族と、ほとんど農奴と変わらない農民の中間に位置する存在であった。地主からは安い地代で土地を借り受け、農民からは高い地代をとるガベロットは、双方から多くの利益を引き出し、新興の農村ブルジョアジーとして財をなすことになる。

ガベロットが財をなす方法は暴力と脅迫であった。たとえば、ある地主がガベロットのいきのかかった農地監視人を雇おうとしない場合、地主の農園のオリーヴやブドウの木がすべて切り倒される。もし、地主がそのことを警察に告発すれば、今度は家畜が盗まれる。さらに、家畜が盗まれたことの背景にある真の理由を無視して、地主がそれを探し続けるならば、牛や馬を首や足を切り落とされた姿で発見することになる。この脅迫行為に屈した地主は、「友人と友人の同意」として、ガベロットの推薦する農地監視人を雇うことになる。地主は、このことをきっかけとして、ガベロットの配下の武装集団によって山賊の襲撃などから守られ、恩恵と庇護の関係が結ばれる。

他方、農民とガベロットの関係で、ガベロットがどのように財をなすのかという例をみてみよう。農民は旱魃《かんばつ》などで収穫がない場合でも、ガベッレという固定地代の契約に従って地代を支払わねばならず、その地代は高利の借金としてかれらに重くのしかかった。農民が契約関係について地主であるガベロットに異議を申し立てるようなことがあれば、その農民はマフィアのシンボルであるルパラと呼ばれる狩に使う散弾銃の弾を身体に撃ち込まれて、野原に放置されているのを発見されることになる。また小土地を所有する農民が、ガベロットの要求するレモンやオレンジの売買を拒否すれば、果樹園の木々が一夜にして根元から切り倒される。

一定の財をなしたガベロットが農地を手に入れ、さらに財産をふやそうと考えると、土地の競売で競争相手が出るのを暴力や脅迫をもって阻止し、安い価格で土地をせり落とした。イタリアが統一国家を樹立して六年後の一八六七年に、宗教団体の財産が国有化され、その財産の売却がおこなわれた。シチリアの修道院の財産は、イタリア統一の一八六一年の時点で、その地所だけで二三万ヘクタールにおよんでいた。それはシチリアの耕作可能な土地の一〇分の一に相当する広さであった。この教会財産の売却に際して、ガベロットは暴力と脅迫で競売の競争者を排除して、土地を獲得した。

この時期に、ガベロットは、大土地所有制を補強する農村ブルジョアジーへと変身し、牧草や森林などの共有地利用の権利を要求する農民を力で抑圧した。さらに、ガベロットは、行政の中央集権化や農業改革をおこなおうとする国家の介入を阻止する目的で、土地貴族階層と手を組んだ。山賊などから家畜や農作物を守るための武装集団を組織し、農民の結婚にまで口をはさむことができる存在となったガベロットは、農村社会で生殺与奪《せいさつよだつ》の権利を握る名実ともに支配者となった。

「封土のマフィア」のビジネス

「封土のマフィア」と呼ばれるマフィアの原型は、一九世紀に大土地所有制の社会関係の中で生まれた新興ブルジョアジーとしてのガベロットにほかならない。このことについて、シチリアの政治・社会状況に精通しているリ・カウジは次のように述べている。「マフィアの歴史を詳しく語り、その本質を明確にしたいと本当にお望みですか？　それならば、シチリアでどのように資本蓄積が始まったのかを学びなさい」。

　ガベロットが、まず借地人として、続いて大土地所有者の武装した部下として、さらに経済的に自立した農村ブルジョアジーとなっていく過程は、マフィアの発展過程でもあった。マフィアは大土地所有者の創造物であり、大土地所有者と農民の間に位置する中間階級の誕生であった。

　マフィアは大土地所有制の中から生まれたが、その中にとどまってはいなかった。土地貴族の所有であった硫黄《いおう》鉱山、岩塩の鉱山にも手を拡げた。貴族からその採掘権を借り受けるか買い取るかして、そこから利益を得ることになる。その他に、オリーヴ油を抽出するロバを使用した搾油機、水車を利用した製粉機、足の力でブドウを圧搾し、ブドウ酒を造る機械などが置かれた農場を管理し、それらの機械の使用料を農民から徴収した。農作業に必要な馬車、手押し車なども、マフィアが管理して、使用料を農民に払わせた。

　農村ブルジョアジーとなったマフィアは商業組合を創設し、金融業にも手を染め始めた。農民は、家族の結婚、葬式、病気、移民のために、この商業組合から高利の金を借り、返済できない場合は家畜、家まで借金の形としてマフィアにとりあげられた。

暴力と脅迫を主たる手段として富を蓄積した「名誉ある人間」としてのマフィアは、保護、抑圧、調停といった機能を通じて、その名誉を農村共同体の中で制度化し、同時に内部社会と外部社会を結ぶ経路を独占するようになる。たとえば、マフィアの収入源のひとつに家畜窃盗があった。アラブ人のことわざが転用されたものとして、「犂《すき》といっしょに不名誉がやって来た」という羊飼いたちの言葉がある。

これは、侵入してきた農耕民に対する遊牧民の嫌悪を表すものといえる。カインとアベルの対立、つまり農耕の民と遊牧の民の対立と同様に、家畜窃盗は非常に古い歴史をもち、『オデュッセイア』の中にも見出せるものである。マフィアは地主などから盗んだ家畜を密殺してパレルモの市場に売却する。そのためには、肉の検査をおこなう事務所の役人を巻き込み、市場における縄張りを決める。また、マフィアの利権が集中したのは野菜市場であったが、生産地から仲買業者の倉庫を通って市場に出るまでの流通経路を完全に支配し、小売価格に口をはさむまでに力をおよぼすことになる。家畜や農産物の売買によって、マフィアは、農村だけでなく都市にも次第に勢力を誇示するようになる。

富と権力を獲得したマフィアは、社会的上昇志向をもって、子弟に高等教育を受けさせる。その中から、医者、弁護士、公証人あるいは聖職者といった農村共同体の中で道徳的・倫理的な影響力をおよぼしうる職業につく者や、町役場などの地方の行政機関で職を得る者も出るようになる。マフィアはクリエンテイズモを駆使して、このような社会的地位を得た家族や親類縁者を巻き込みながら、地域社会の政治を牛耳《ぎゆうじ》ることになる。

マフィアの出身階層

マフィオーゾと呼ばれる人間を、直接に農地を耕す農民で、一般にヴィッラーニと呼ばれる者の中に見出すことはきわめて稀である。また、「尊敬される人間」、「名誉ある人間」つまりマフィアの人間を、鍛冶《かじ》屋や大工といった職人たちに見出すことはほとんどない。後述するが、「ボスの中のボス」と呼ばれるマフィアの親分の多くは農地監視人、大借地人であるガベロットの出身で、ほとんどが読み書きのできない者か、それに近い教育水準の人間であった。地主、財産管理人、鉱山監視人、商人、仲買人、建築請負人といった汗を流す労働に直接従事することのない職業の人間や、公証人、薬剤師、土地測量師、医者、弁護士といった高等教育を受けた自由業者の中にマフィアの人間を見出せる。

「ボスの中のボス」と呼ばれるマフィアの親分の多くが下層階層の出身者であることから、マフィアが下層あるいは中間階層の現象であるとするのは誤りであろう。たしかに、マフィアをシチリア人に典型的な行動規範あるいはシチリアのサブ・カルチャーとして理解しようとすれば、支配階層よりも下層階層により近いものとしてマフィアをとらえることができる。しかし、このことは、マフィアが支配者階層のものではなく下層階層の現象であるということを意味するものではない。この点について、一九六二年に設置された「シチリアのマフィア現象調査議会委員会」の委員長カルラーロは次のように議会で報告した。

マフィアは、権力のあらゆる合意（取決め）から排除された下層階層ではなく、逆にイタリア統一期にすでにシチリアで政治・経済の支配を行使していた（そして行使し続けた）階層、すなわち、結局のところ古い封建貴族、そして大土地所有者層の現象である。それゆえに、マフィアは単に農場管理人、農地監視人、ガベロットからだけでなく、支配者階層の代表者からも構成されていた。この支配者階層の

農地監視人

利害は数世紀にわたって獲得してきた特権的地位を保持し、近代的な企業家的ブルジョアジーに変質していく中産階層を妨害することであった。この中産階層は、マフィア的権力システムと国家権力の共犯関係の基礎を強化した。もしマフィアがサヴォイア王家（イタリアの独立と統一を実現したサルデーニャ王国の王家で、統一後もイタリア王国の王朝として一九四六年の国民投票で共和制に代わるまで存続）の国家装置との結合によって強化されたとすれば、戦後の国家もまたこの結合関係から利益を引き出したと想像することは正しい。その利益とは、シチリア社会の根本的な改革という緊急な問題に対処することなく、支配的地位を安易に保証するという利益であった。

調査議会委員会の結論を要約すれば、次のようなことになる。マフィアはシチリア社会の近代化を阻止し、不公平で絶大な特権の保持と防衛という明確な利害をもち、そのような環境の中で育まれた指導者階層の現象である。マフィアの中心的構成部分はシチリアの指導者階層自体を代表するものである。かれらは、その経済的・社会的・政治的に高い地位をもって、公権力との結合関係を確立し、さまざまな利益を享受した。

この指摘によれば、マフィアを下級マフィアと上級マフィアに区分することが可能であろう。下級マフィアは、社会的出自としてベレー帽をかぶり、肩にルパラをかけ、馬に乗って農場を巡回する農地監視人、ビロードの上着を着た農場管理人といった下級階層の出身者である。そのことを、戦後のマフィアの変質過程で誕生し、確立したといわれる組織の細胞であるコスカという言葉を使って解釈すれば次のようになる。

コスカとは

イタリアの一般的な食材で、菊科のアーティチョーク、イタリア語でカルチョオフォがある。そのつぼみを一枚一枚はいでいくと最後につぼみのすべてがつながる芯がある。ヘスは、アーティチョークにたとえられるマフィアの細胞コスカはそれぞれが独立して、幾重にも重なっているが集団ではないという。その理由として、コスカの間には「われわれ」という意識が欠けており、それぞれのコスカが独立した形で関係をもっているにすぎないからである。実際に殺人、窃盗といった行動に関与するのはマフィアの配下である。アーティチョークの芯にあたる、外部からは何もみえない部分に、上級マフィアが存在する。それは、しばしば「ボスの中のボス」あるいはドンと呼ばれる人、あるいはそうした呼び方さえもされずに奥の奥から決して姿を現さずに下級マフィアを操る人間なのである。こうした人間こそが、シチリア社会の改革を阻止し、それを封建的な社会・経済構造のままにおしとどめておくことに、利益を見出す人々にほかならないのである。

マフィアという存在の特徴

シチリアの支配者階層の中心部に発光源をもつマフィアは、自分たちの利益の保持と拡大のために、公権力、政治へと接近し、それとの癒着を強める。政治との関係をもたないマフィアはマフィアとはいえず、社会の中で別の機能を果たす形態であり、それは刑法の対象となるものである。極端ないい方をすれば、マフィアの行動は、刑罰の対象から免除されることにおいて成立しえたし、法の存在を意識した行動とはまったく異なるものであった。このようなマフィアの特徴を要約すると次のようにいうことができる。

第一は、力をもち、勇敢で、「名誉ある人間」であること。第二は、この「名誉ある人間」は暴力行為を基本とする対決と選抜を通じて形成されること。その選抜はオープンで、誰でもくわわることができる。第三は、マフィアの間で、またマフィアの支配する共同体の中で、国の法よりも共同体の掟が優先し、その掟への絶対的服従が要求される。

マフィアと国家の関係は、双方ともアンビヴァレンスな面を有している。マフィアについていえば、シチリアの農村共同体の中で国の法を無視してマフィアの掟、利益を優先するという点では反国家的、反社会的であるが、農村共同体の社会的・経済的秩序を保証し、公的機関に浸透し政治と癒着した関係を結ぶという点では体制的である。国家にとっては、法を無視し、犯罪行為を繰り返すマフィアは国家の敵であるが、マフィアの掟に従って農村社会の秩序を保持し、公安的機能を果たすという点では体制的であるといわねばならない。このマフィアと国家のアンビヴァレンスな関係の中に、マフィアが政治との癒着を手段化し、農村社会から都市部へと急速にその活動および影響力を拡大していった秘密が隠されている。では、このような状況がなぜ可能となったのかといえば、一八六一年に統一されたイタリア国家の弱体ということに行き着かざるをえない。

マフィアと国家

一八六一年に近代国家を樹立したイタリアは、その国家権力・警察権力の弱体化もあって、独立あるいは自治を、また土地を要求して、統一後も騒擾《そうじょう》状況をしばしば作り出していたシチリアを「従順にしておく」必要から、シチリア社会を実質的に支配していたマフィアを利用した。一九世紀末に、後述する農民・労働者の運動である「シチリア・ファッシ」を指導する社会主義者のデ・フェリーチェ・ジュフリーダは、「マフィアがシチリアの多くの下院議員にとって欠かせないものであることをわれわれはよく知っている」と述べている。さらに、二〇世紀初頭に、シチリア出身の下院議員コラヤンニは、「マフィア王国と戦い、それを破壊するには、イタリア政府がマフィアの王であることをやめることが必要であり、不可欠である」と述べている。この二つの証言から、マフィアと政治の癒着がいかに深刻なものであったかを想像しえよう。そこで、次に、マフィアと政治の癒着を典型的に示す事件を通して、マフィアの発展を追ってみよう。

第二章　マフィア王国の成立

1　幼虫から蝶へ

義務兵役制への抵抗

一八六一年三月のイタリア王国の樹立によって、シチリアはブルボン王朝からサヴォイア王朝の支配にかわった。この変化は、シチリア人にとって歓迎すべき統一と近代国家の誕生を意味するのではなく、むしろブルボン王朝下に享受してきたさまざまな特権の喪失と映った。とりわけ、統一政府がとった中央集権化政策は、シチリア人の統一国家に対する反抗を惹起した。その中で、一八六一年二月に、つまりイタリア王国の樹立が宣言される約一ヵ月前に、シチリアに導入された義務兵役制に対する民衆の反発はとりわけ激しいものであった。ブルボン王朝時代には反乱を恐れてシチリアでは兵役が免除されていたことから、この義務兵役制の導入はシチリア人にとって、統一にともなう新たな負担となった。徴兵の対象となる二〇歳以上の青年が貴重な労働力であった農民にとって、一定期間その労働力を奪われることは家族の死活問題でもあった。

統一国家に敵対する状況はまず農村部に作り出された。多くの徴兵忌避者が山賊と合流して武装団を組織し、山中に潜み、軍隊による捜索と軍事的に対峙《たいじ》することとなった。公安秩序の維持という観点から、統一政府は強圧的な徴兵忌避者の捜索をおこなった。政府は、一八六二年八月から一一月まで、一八六六年九月から一一月まで、シチリアに戒厳令をしいた。

また、一八六五年三月には犯罪予防として、仕事のために移動する前科者に対して特別の通行許可証を与える法律が発布され、一八六六年五月には公安秩序をみだす恐れのある者を逮捕し、遠く離れた指定居住地に送る権限が知事に与えられた。軍隊を動員した徴兵忌避者の弾圧と公安秩序の維持によって、徴兵忌避者の数は時とともに減少し、その騒乱も鎮静化するが、統一国家に対するシチリア民衆の不満と反発は深く沈澱することになる。それだけに、イタリア王国に対するシチリア民衆の同意を得るには多くの時間と労力を必要とした。

「セッテ・エ・メッゾ」の反乱

一八六一年から五年間に、イタリア政府による徴兵制を含めた中央集権化政策のさまざまな矛盾が重層的にシチリアに蓄積されていった。一八六六年九月の、いわゆる「セッテ・エ・メッゾ」(七日半続いた反乱から、七日と半日の反乱と呼ばれる)の反乱」前夜のパレルモは、一本のマッチの火でむきだしになった火薬を容易に爆発させうる一触即発の状況にあった。セッテ・エ・メッゾの反乱は、統一王国政府の強権的な中央集権化の過程で生じたパレルモ民衆の反乱であった。しかし、この反乱を契機に統一政府が発足させた「パレルモ県の道徳的・経済的状況調査委員会」の報告は、その反乱の要因を統一国家に敵対する政治グループとそれに煽動されるマフィア、山賊、ならず者の犯罪的勢力に求めた。

シチリア調査議会委員会の発足

ミンゲッティの第二次内閣(一八七三~七六)は、公安秩序の混乱しているシチリアに特別措置を講ずるという提案をおこない、シチリアに対する調査委員会が組織された。一八七五年一一月に調査を開始したシチリアの状況調査議会委員会の委員長であるボンファディーニ上院議員は、次のような報告をおこなった。マフィアは、確定した形態や特別な規約にもとづく組織や結社ではない。それは金銭的報酬を目的とする一味でもない。マフィアは「尊大な行為」の発展と変化で、国家に有害な、本能的で残忍な団結を特徴とするにいたった。この形態はシチリアだけではなく、ナポリのカモルラ、トリーノのコッカ、ローマのシカーリといった犯罪組織にも見出せるというものであった。このボンファディーニの報告はマフィアの本質に触れるものではなかったが、シチリアの民衆が何世紀にもわたって抱いてきた不満と、脅迫、家畜窃盗、ゆすりといったマフィアに特徴的な行動を指摘した。加えて、シチリアでは武器の携帯が安易にかつ広く許可されていること、警察がマフィアの取り締まりに積極性を欠き、それを野放しにし、結果的に育成させる機能を果たしていることを指摘している。議会によってマフィアにかかわる調査委員会が組織されたということは、マフィア現象が国家的な問題になったということでもあった。

フランケッティとソンニーノの調査報告

シチリア調査議会委員会と同じ時期に、ジャーナリストで政治家でもあったフランケッティと政治家のソンニーノはシチリアの農民調査を私的におこなった。この調査報告は当時のシチリアの農村研究においてきわめて重要な資料であり、シチリアの社会状況、支配者階層の腐敗と専制的な支配といった問題点を明らかにし、マフィアが支配者階層の手段と化している点を強調した。同時に、マフィアはシチリアというある限定された社会におけるひとつの生き方であることも指摘している。その場合、マフィオーゾという言葉は、シチリア人によれば、もっぱら犯罪行為に専念する人間をさすのではなく、自分たちの権利を力で守る、尊敬しうる人間を意味していた。暴力が尊敬される人間になる唯一の手段であるというシチリアの一般的雰囲気によって、マフィアはその社会で認知されたのである。それだけに、マフィオーゾは「血の犯罪」をおこなう無法者や暴力を行使する人間の集団を容易に形成しえた。このような現象はパレルモを中心として、それを取り巻く世界に認められる。このような状況を作り出した主たる要因は、農村の支配者階層である。裕福な階層としてのかれらの利益に合う方向で、あらゆる社会状況がつくり出されていった。支配者階層は、暴力を背景とする尊敬される人間と同盟関係にあるという「名声」だけで、独占的に利益を引き出しえた。このような分析にもとづいて、フランケッティとソンニーノは、マフィアを「支配者階層の手段」であると結論づけた。

マフィアと政治の癒着

大土地所有者からなるシチリアの支配者階層とマフィアの歴史的かつ宿命的な同盟関係は、一九世紀後半にみられた。イタリアの統一国家においてまず政権を握った自由主義者や君主主義者からなる「歴史的右派」政権は、統一国家樹立直後から一八六五年まで、南部イタリアで生じた「匪賊《ひぞく》の反乱」、いわゆるブリガンタッジョの反乱に軍隊を動員して弾圧した。イタリア国家は、誕生したばかりの統一国家を堅持するためにも、公的秩序の維持や犯罪の防止の措置を早急にとらねばならなかった。

しかし、誕生したばかりの国家には、マフィアが介在する犯罪などを取り締まる余裕はなく、犯罪行為を大目にみて、見逃すか、容認するか以外に選択はなかった。もちろんその容認は国家の方針ではなかったが、結果として政治とマフィアの癒着を強めることになった。その状況が警察などの国家機構をも腐敗させ、その中に犯罪行為が侵食していった。たとえば、山賊や犯罪者の取り締まりに、公安警察はマフィアの力を借りた。当局の考えによれば、マフィアと犯罪組織を対決させることによって、両者ともつぶし合いになり、結果として当局の権威を保つことになるというきわめて安易な発想であった。このことを示すエピソードがある。

パレルモ警察署長アルバネーゼは、パレルモ県知事メーディチの同意を得て、山賊掃討をおこなった。しかし、しばしば警察が山賊に敗北するという状況が生じた。そこで、一八六九年一二月、アルバネーゼはマフィアの力を借りて山賊の頭領の一人を暗殺した。検察長官タヤーニは、このような状況は法の公正な実行の原則に反し、社会秩序を攪乱するものとして、アルバネーゼを殺人教唆で逮捕・起訴した。しかし、司法省の介入で裁判はおこなわれず、逆にタヤーニが辞任に追い込まれた。その後、下院議員に選出されたタヤーニは、一八七五年六月の議会で、公安警察を「俗悪な犯罪者の庇護者」と批判し、警察とマフィアの癒着を弾劾した。その議会演説は、当時のマフィアと警察の癒着を示す例でもあるので、長くなるがその一部を紹介しておこう。

パレルモ近郊には、その町を取り囲むあたかもイバラの冠のように、マフィオーゾが満ちた小さな村々がある。そのひとつであるモンレアーレの農村地帯は世界で最も安全を欠くところで、私がいたころは治安が最悪であった。モンレアーレの大きなイバラ（マフィオーゾ）は六人である。すべてが前科者である。一人に小作人監視隊長の地位が、もう一人には都市周辺警備隊長の地位が与えられている。残り四人のマフィオーゾには国民守備隊の隊長の地位が与えられている。（議場で笑）
かれらはすべてマフィオーゾで、ひとつの武装団を組織している。モンレアーレの農村地帯で起こるほとんどすべての凶行は、かれらと共犯関係にあるか、かれらから認可を得て生じている。そこに四年間勤務した一人の役人は次のような証言さえしている。〝ここでは盗みを働き、殺人を犯し、ぬくぬくと豊かな生活ができる。すべてサヴォイア王朝政府の名において〟（議場で騒乱）〝遺体を発見しない週はない。起訴するにしても、警察は動かない。時には妨害さえする〟。

状況が懸念すべき様相を呈するようになると、警察署長は首謀者を呼び寄せ、〝過ぎたるはおよばざるがごとし、約束を守れ〟という。その命令が配下に伝えられ、休戦となり、最下層のマフィアの人間が五〇人ほど逮捕される。たしかに、かれら自身も悪事を働いているのであるが、重大犯罪のスケープゴートにすぎない。司法当局は迷惑千万な数多くの裁判を開始しなければならない。しかも、裁判後、逮捕者全員を無罪で釈放しなければならない。そこで次のような抗議が出される。〝われわれが逮捕したものを司法当局は全員釈放するが、公安秩序を守るということについて、どのように考えているのか〟と。

タヤーニは、マフィアと手を組んだ警察官の異例の昇進と、マフィアの犯罪を執拗に追及した警察官の左遷の例を具体的に示したのち、次の二点を強調して演説を終えた。

「シチリアに存在するマフィアは危険ではなく、それ自体打ち負かせないものではない。なぜならマフィアが地方政治の手段であるからである。このことは、第一の厳然たる事実である」。第二点は、「行政官たちに対する信頼の欠如のために、法律がまったく機能していないことである！」。このように述べた後で、「シチリアに現在欠如しているものは、統治という言葉の正確な理解であり、それを堂々と輝きをもったものとして作り出す必要がある。もしそれから始めねば、何もできないであろう」と続けている。このことは、マフィアを撲滅するには、統治という言葉の意味をしっかりと理解することから始めねばならないということにほかならなかった。

コラヤンニは、タヤーニが告発した状況を、道徳と正義がしっかりと根づいていない社会で生み出される結果であるよりは、まさに「正義の否定」にあるという。続けてかれは、最悪なことは、正義の存在しないシステムがシチリアだけに存在するのではなく、そのシステムの共犯者が中央政府の中に存在しているということにあると、「歴史的右派」政権を批判した。最後に、コラヤンニは、「歴史的右派」政権がマフィアの人間を釈放し、放置したことを告発したタヤーニを辞任に追い込んだことについて、激しく政府を攻撃した。

「歴史的右派」から「歴史的左派」へ政権交代

タヤーニの演説から数ヵ月後、前述したシチリア調査議会委員会が活動を開始した。その約一年後、一八七六年三月、イタリア王国の樹立以来一五年にわたって政権を保持してきた「歴史的右派」にかわって、マッツィーニの民主主義思想の流れを汲《く》む進歩的自由主義で、デ・プレーティスを中心とする「歴史的左派」が政権を掌握した。この時期、「建国の父」であるイタリア王国の初代国王ヴィットーリオ・エマヌエーレ二世（一八七八年一月）、教皇ピウス九世（同年二月）が亡くなった。このことは、主役の交代も含めて、イタリアが独立と統一のリソルジメント時代から自由主義国家へと大きく変化していく時期にあたっていることを示している。そして、マフィアも、この時期をさかいに、大きく変質していった。シチリア西部の大土地所有地の中に生まれたマフィアの幼虫は蝶となり、翅《はね》を広げて、その活動半径を広げていった。

集票マシーンの役割

マフィアが国家の中の国家といわれる存在になったのは、「歴史的右派」政権の崩壊から第一次世界大戦までの時期、つまり一八七六年から一九一八年ころであった。マフィアをそのような存在にしていった主たる要因のひとつは、マフィアが選挙における集票マシーンとしての役割を通じて、単に地方政治のレヴェルだけではなく、中央政府とも緊密な関係を作り上げ、国政レヴェルにまで介入するようになったことにある。

一八八二年に選挙法の改正がおこなわれた。それ以前、選挙権を有する者はイタリアの総人口のわずか二％にすぎなかった。シチリア全体でいえば、有権者の数は約四万人であったが、その二〇％は投票を棄権していた。この選挙制度のもとで、シチリアの自治主義者、ブルボン王朝支持者、共和主義者は、政治的・行政的地方分権を要求してブロックを形成し「歴史的右派」政権に対抗した。一八七四年の選挙では、反政府派がシチリアの四八議席のうち四三を獲得した。一八七六年の選挙でも四八議席を獲得して、シチリアの反政府派は、デ・プレーティスの「歴史的左派」政権誕生に重要な役割を果たした。

一八八二年の選挙法改正で、イタリアの有権者総数は、全人口の八％にあたる二〇〇万人にふえた。この改正で、公爵・侯爵は国王の任命で上院議員となれたが、弁護士、医者、公証人などの専門職者や有産者からなる数多くの男爵はその特権から除外された。このことは、シチリアにおいてきわめて重要な意味をもっている。コスカの芯である外からマフィアとはみえない紳士然とした大土地所有者や農村ブルジョアジーは、熾烈な選挙戦を展開することになった。そこで、マフィアを使った暴力と脅迫による不正選挙が堂々とまかり通る状況を呈するにいたった。マフィアは、紳士然とした農村ブルジョアジーと相互互恵の協定を結んだ。一八八二年以後、シチリアでは「国会議員党」が生まれ、マフィアはローマの下院議員として数多くの農村ブルジョアジー、男爵を送り込んだ。

その時期すでにマフィアは地方政治に浸透しており、十分な支配権力を有していた。町長・村長の地位を、そして地方議会のポストの多くをマフィオーゾが得ていた。当時の町長・村長は、内務省直属の公安警察管轄の権限を有し、農村監視隊を募集し、組織しえた。ひとことでいえば、当時のシチリアの農村部では、マフィアが望まなければ木の葉一枚動かない状況が存在した。

不正選挙とマフィア

マフィアは、こうした絶大なる権限を使って、さまざまな不正選挙をおこなった。確実にマフィアの指示に従って投票する者にだけ選挙人証明書を配付し、同一人物に数回投票させ、故人となった者の名前も投票させ、投票箱を別に前もって作らせるなど、考えうるあらゆる不正をおこなった。

一八九〇年の選挙の直前に、まったく突然に法的手続きもなく、パレルモとその近郊で約四〇〇〇人が逮捕されたが、ただちにほとんど全員が釈放された。かれらが政府支持の候補者のために働くという保証を与えたことで、釈放されたのである。また同年の選挙で、パレルモの第一選挙区のある投票場の開票で、一人の「歴史的左派」政府に対立する候補者の名前がひんぱんに読み上げられた。ところが、内務省から派遣されていた公安当局の役人が選挙管理委員長に耳打ちした後、その候補者の名前は開票で一度も読み上げられることはなかった。いうまでもなく、脅迫がおこなわれたのであった。一八九五年の選挙で、政府支持の有力な候補者を当選させるために、政府はその候補者にとって非常に重要な役割を果たすマフィオーゾを釈放させる指示を出した。また同年の選挙で、前科四犯の一人のマフィオーゾは、反政府派の候補者の選挙妨害をおこなうことと引きかえに、武器携帯許可証を得た。政府支持者の候補者は、マフィアを選挙で利用する際に、武器携帯許可証をきわめて効果的に利用している。

政府のマフィアを使った不正選挙のこのような事例は、一八九〇年、一八九五年、一八九七年の選挙において、数限りなく存在する。マフィアはこの時期に庇護と恩恵という相互協定を結んだブルジョアジー、男爵といったシチリアの支配者階層を下院議員としてローマに送り込んだ。だが、このことは、シチリアのイタリア国家に対する同意を意味するものではない。かれらの同意はあくまでもシチリアのマフィア王国に対するものであった。この時代にシチリア人がよく口にした言葉「イタリア政府は売女《ばいた》だ」が、そのことを示している。

2　ノタルバルトロ殺人事件

シチリア銀行の腐敗

シチリア銀行前頭取のエマヌエーレ・ノタルバルトロは、一八九三年二月一日の午後、テルミニ・イメレーゼ駅からパレルモ行きの汽車に乗った。席をとった一等車のコンパートメントにはかれ以外は乗客はいなかった。事件が起こったのは、テルミニ・イメレーゼ駅を発車して間もなくのことである。その後の警察の調べによれば、トラビアとアルタヴィラの間であったとされる。

一人の男が、ノタルバルトロが席をとったコンパートメントに、短刀を手に突然は

ノタルバルトロ

いってきた。コンパートメントに残された格闘の形跡から、ノタルバルトロがかなり激しい抵抗を示したことがうかがえる。力尽きたノタルバルトロは、二七ヵ所にものぼる手負いの後、瀕死の重傷の状態で汽車の窓から投げ落とされ、死亡した。

この事件は、ノタルバルトロの社会的地位と、シチリアのみならず中央政府に対してもつ大きな彼の影響力から、シチリアはもちろんのことイタリア全土に大きな衝撃を与えた。遺体が発見された直後から、この事件が単なる物盗りの殺人ではなく、その背景にはマフィアが絡んだ政治家と経済界との黒い癒着が公然とうわさされ、世の強い関心を引き起こすことになった。

「金の腕をもつ巨人」あるいは「金のソファー」と呼ばれたほど、当時のシチリア銀行は、シチリアの経済だけでなく政治をも牛耳る力を有していた。それだけに、その銀行の頭取となった人間がシチリア全土におよぼした影響力は計り知れないものがあった。獲物に群がるハイエナのように、多くの人間が、利権を求めて、彼に吸い寄せられていった。その中には、マフィアと関係をもつ人間、あるいはマフィアの人間も存在した。

そうした状況を裏づけるかのように、パレルモで、一八八九年ごろからシチリア銀行にマフィアの手がのびたといううわさが流れていた。事実、シチリア銀行は、政治家などへの多額の融資とその焦げつきによって大きな損失を招いていた。この経営を建て直すのに登場したのがノタルバルトロであった。

清廉潔白なノタルバルトロは、不正融資などを許さず、断固とした改革をおこなおうとした。そのために、銀行内部で「専制的」という批判がかれに向けられたこともあった。かれは、そうした改革と並行して、密かに銀行の幹部に対する調査をおこない、それを農・商務大臣に報告した。その報告書には、取締役の複数のメンバーが不正融資に深く関与していることが述べられていた。ところが、その極秘の報告書が、大臣の部屋から密かにもち出され、コピーされて国会議員、シチリア銀行の幹部、そして驚くべきことに、パレルモの「友人の友人」つまりマフィアの手に渡ってしまった。スキャンダルが新たなスキャンダルを生むことになった。

シチリア銀行の取締役会議で、ノタルバルトロは、経営悪化に対処するために根本的改革案を提出するが、すでに二重、三重に張りめぐらされた陰謀の中で孤立化し、改革案は拒否され、最後には辞任へ追い込まれてしまった。かれにかわって、ヴェルドゥラ侯がシチリア銀行の頭取となった。かれは、ノタルバルトロが不正融資をおこなった一人として農・商務大臣の報告書に記した人物であり、当時首相であったシチリア出身のクリスピに非常に近い人物であった。他方、ノタルバルトロは同じくシチリア出身で首相もつとめたことのあるディ・ルディーニを支持していた。ノタルバルトロの頭取辞任の背景には、中央政府の政治抗争が色濃く影を落としていたのである。具体的にいえば、シチリア銀行の不正を正そうとしたディ・ルディーニ派のノタルバルトロを辞任に追い込んだ張本人は、まさに首相クリスピであったということである。

クリスピ

共和主義から君主主義に転向したクリスピは、イタリア史の中で、リソルジメント期から自由主義国家への移行を印す典型的人物である。かれは、パレルモの選挙区に強い基盤を有しており、いわゆる「シチリア左派」がかれの重要な支持基盤であった。「シチリア左派」は、コラヤンニによれば、議会革命と呼ばれる一八七六年の右派から左派への政権交代後、「政府に従順で盲目的な手先および手段となってしまった」。「シチリア左派」は、「議会体制の堕落を速めた。その堕落は……長きにわたる権力の欠如によって準備されたものである」。

モンテチトーリオのアスカリ

この時期、シチリアそして南部イタリア出身の議員に「モンテチトーリオのアスカリ」という名が与えられた。アスカリとは、本来、紅海沿岸のイタリア植民地エリトーレアなどでイタリア軍に加わった民兵のことである。この言葉は、シチリアでマフィアの援助を得て選出された国会議員が、まさに政府に対して民兵のように振舞う行動をさしている。これに対して政府は、かれらの要求するものすべてをかなえてやるという関係ができあがった。このアスカリ現象は、時とともに強まり、マフィアと政治との癒着をますます進めることになる。

ノタルバルトロ殺人事件の約二ヵ月前、一八九二年一二月、コラヤンニによってローマーナ銀行の巨額の不正発券と乱脈な経営が暴露された。このことはローマーナ銀行にとどまらず、イタリアのあらゆる銀行に対する特別調査を予告するかに思えた。事実、シチリア銀行に対してもその調査が予想され、以前に銀行の改革に取り組もうとして追放されたノタルバルトロの頭取復帰が日程にのぼり始めていた。

ノタルバルトロの頭取復帰によって最も影響を受けるのは誰か。その人物とは、ア

パリツォーロ

スカリの一人であるラファエーレ・パリツォーロ下院議員であった。かれはクリスピの友人で、マフィアの援助を得て議員となった人物である。シチリア銀行の重役であったときに、「友人の友人」の保証人となり、またかれ自身も最大の債務者であった。ノタルバルトロは、欠損を招いた最大の責任者としてパリツォーロを攻撃し、辞職させた。しかし、ノタルバルトロ辞任直後に、パリツォーロはシチリア銀行の重役に復職していた。それだけに、もしノタルバルトロが頭取に復帰するようなことがあれば、パリツォーロは当然のこととしてその職を失うことが考えられた。

このようなことがパレルモでは広く知られていただけに、事件直後から殺人の陰の張本人としてパリツォーロ議員の名前があがっていた。殺人のやり方もマフィア流であったことから、マフィアと深いつながりをもつパリツォーロに疑惑の目が向けられた。直接に手を下した刺客として、フォンターナという一人のマフィアが逮捕された。しかし、かれは事件当時チュニジアにいたというアリバイを申し立てた。そのアリバイはオメルタという厚い壁にぶつかり、最後まで突き崩すことができなかった。

捜査は遅々として進まず、暗礁に乗り上げた感があった。ノタルバルトロ殺人事件は、それまでのマフィアによる事件と同じように、迷宮入りかに思われた。

パリツォーロの裁判

ノタルバルトロ殺人事件から六年後、被害者の息子レオポルド・ノタルバルトロによる真相追及によって、政府および警察当局は重い腰をやっと上げた。まさに世紀末の、一八九九年一二月八日、パレルモ警察署長がじきじきにパリツォーロ宅におもむき、逮捕した。この問題は当然のこととして国会でも取り上げられ、政治家とマフィアの癒着という事実が白日のもとにさらされた。警察は、議会で明らかにされ、新聞紙上で書かれた事実すらも究明することができなかったことの責任を厳しく追及された。

コラヤンニは、警察は事件の真相を明らかにする努力をしたのかと、烈火のごとく糾弾した。最初から黒と目されていた容疑者である国会議員パリツォーロは、議員免責特権によって、聴取さえ受けなかったが、社会主義者や共和派の議員は、その特権すらも認められずにしばしば逮捕されていた。このことは明らかに不平等であり、不自然である。パリツォーロに象徴される「シチリア左派」の腐敗を徹底的に明らかにしようと、コラヤンニはノタルバルトロ殺人事件の真相究明を要求した。

一九〇〇年一月、パレルモの世論など外部から影響を受けることを恐れてミラノでおこなわれたパリツォーロの裁判は、証拠不十分を理由に、パレルモの検察当局に再調査を求める判決を下した。この判決について、ある新聞は、「ミラノの裁判は（マフィアの）最後のあがきの印である。二〇年後に、マフィアは存在しえないであろう」と、楽観的なコメントを載せている。この判決は、パリツォーロを取り巻くパレルモの黒い霧の一部に光をあてたとはいえ、パリツォーロに対して黒の判決を出さなかったし、ノタルバルトロがマフィアの手によって殺害されたことも認めなかった。

しかし、ボローニャに移された裁判では、パリツォーロに三〇年の懲役の判決が下された。同時に、ノタルバルトロ殺人事件はマフィアの古典的犯罪であることも明らかにされた。その判決は、マフィアが全シチリアにみられる現象と考えられていただけに、シチリアに対するものと一般的に広く受けとめられた。

一九世紀末から二〇世紀初頭にかけてイタリアの関心を釘付けにしたこの裁判は、イタリアにおけるセンセーショナルなマフィアに関する最初の裁判であった。それだけに、北部や中部イタリアの諸都市やローマの新聞の一面を、この裁判が毎日のように賑わした。裁判には、大臣、将軍、警察署長、政治家、経済界の人々と、当時のイタリア社会のトップ・クラスの要人が、証人として立った。

だが、一九〇三年一月、フィレンツェの裁判では、証拠不十分として先の三〇年の懲役刑が破棄され、パリツォーロに無罪がいいわたされた。無罪判決を受けたパリツォーロは、一隻《せき》の船をチャーターしてパレルモに戻った。「友人の友人」によって準備された歓迎式に出席したパリツォーロは、凱旋《がいせん》将軍を思わせるものがあった。その数ヵ月後、パリツォーロはニューヨークに旅行するが、そこの「シチリア友の会」が催した歓迎の宴も、パレルモのそれにまさるとも劣らないものであった。パリツォーロは、いまやシチリアの英雄とさえみなされるにいたった。

「プロ・シチリア」の結成

パリツォーロに三〇年の懲役刑が下されたボローニャ裁判の直後、民俗学者ジュゼッペ・ピトゥレが音頭を取って、シチリア政・財界の人々、ジャーナリストを集めた「プロ・シチリア」なる会が結成された。その目的は、シチリア民衆を動かして政府に圧力をかけ、パリツォーロの無罪をかちとり、判決によってイタリアに広くひろがったシチリアとマフィアを同一視する雰囲気を払拭しようというものであった。その結果、パリツォーロは中央政府に対するシチリアの抗議のシンボルとなり、民衆の間で英雄視されることになる。

ピトゥレは民俗学者として、マフィアを犯罪組織としてではなく、シチリアの伝統的な習慣あるいは行動規範と解釈した有能な研究者である。だが、「プロ・シチリア」の活動によって、変質したマフィアの本質を見誤ったばかりか、マフィアを政治との癒着の関係で容認する役目を果たすことになった。そのために、かれは、「最高の民俗学者であり、最悪の（マフィアの）証人」と呼ばれるようになった。たしかに、マフィアとシチリアを同一視する傾向に抗議する意味で生まれた「プロ・シチリア」であったとしても、それは独自の文化あるいは政治を意識したシチリア主義からの逸脱であったといわねばならない。

パリツォーロ無罪の判決によって、イタリアはマフィア根絶あるいはマフィアと政治の癒着を切るまたとない機会を失ったばかりでなく、マフィア自体を強力にし、政治との関係を深める結果となった。その判決の数年後、パレルモの中心部にあるマリーナ広場で、後述するイタリア系アメリカ人刑事ジョゼフ・ペトロジーノが暗殺された。この事件もマフィアの手によるものであったし、その背後で政治家が絡んでいた。この事件に関連して見落とすことのできないことは、マフィアがアメリカの犯罪組織「マーノ・ネーラ」（黒い手）と密接な関連をもつようになったということである。次にノタルバルトロ殺人事件と同じ時期に、シチリアで大きな高まりをみせた農民運動・社会主義運動とマフィアの関係をみておこう。

3　「シチリア・ファッシ」

シチリア最初の組織的民衆運動

「労働者ファッシ」、一般に「シチリア・ファッシ」と呼ばれる社会主義的民衆運動が、一八九二年六月から一八九三年一二月の短期間のうちに、シチリアの広い地域を燎原の火のようになめ尽くした。マルクス主義哲学者ラブリオーラは、この「シチリア・ファッシ」を評して次のように述べている。

このシチリアの組織はイタリアでみられた最初のプロレタリアート大衆の運動である。それは、イタリアにおけるプロレタリアート社会主義の最初の行動である。

たしかに「シチリア・ファッシ」は、それまでの自然発生的な一揆に近い民衆運動とは異なり、組織化され、かつ明確な目標を提示した。統一後も農奴と変わることのない極貧の生活を強いられていた、とりわけ農民大衆は、「シチリア・ファッシ」に雪崩込むように加入したのである。

その背景にはオランダの人類学者A・ブロックが指摘するように、次の三つの要素が強く働いていた。第一点は、農民大衆にひとつの指針を与えることになった社会主義思想の影響である。それまで重要な役割を果たしていた農民・職人の相互扶助会の枠をのりこえて、またブルジョアジーを中心とする左派勢力から自立して都市労働者と農村労働者の統一関係をつくり出す運動を形成することになった。第二点は、統一国家の成立によって全イタリアに施行された義務徴兵制の影響である。兵役期間を終えて故郷に戻った者は、軍隊で得た新しい思想や経験をもとに村づくりに積極的に参加するようになった。第三点は、選挙権の拡大である。一八八二年の選挙法改正によって、二一歳以上の男子で読み書き能力のある者、年一九・八リラ以上の直接税を支払う者に対して選挙権が与えられることになり、有権者の数が増大したことである。

それまで孤立した村々で閉鎖的生活を送り、外部に対して拒否反応さえ示していた農民大衆は、時代の変化の過程で否応なく外部世界に組み込まれていった。このことは、時あたかも世紀末を迎えようとしていた時期でもあっただけに、千年王国主義的な運動として「シチリア・ファッシ」の運動を急激に展開させることにもなったのである。

とりわけ、シチリア西部のほとんどの村々で結成された「シチリア・ファッシ」に、多くの農民や職人が加入した。その中には、それまで村の広場に姿を現したこともない、村の中心から遠いところに住む農民や多くの女性も含まれていた。かれらは、苦しい生活の中から会費を払い、その金で事務所を開き、また会員同士で相互に助けあった。また、ストライキや改革運動を通じて、小作契約の改善、労働賃金の値上げといった成果を着実にあげていった。

「シチリア・ファッシ」とマフィアの関係

マフィアが支配していた村々で、農民が「シチリア・ファッシ」に参加してマフィアから完全に自立した運動を展開し始めたことは、マフィアの利害や存在をおびやかすこととなった。農村の実質的支配者層であったマフィアが最も危惧したことは、「シチリア・ファッシ」の運動による農民大衆の道徳的・知的覚醒であった。労働者としての社会意識の獲得とともに、農民大衆が道徳的・知的に覚醒することは、マフィアの世界を根幹から揺るがすことにもなりかねなかった。それだけに、マフィアにとって「シチリア・ファッシ」への対応はきわめて重要な意味をもっていた。「シチリア・ファッシ」弾圧後に開かれた軍事法廷で、「シチリア・ファッシ」の側からマフィアへの接触と協力をさぐろうとした二つのエピソードが明らかにされた。

ひとつは、一八九三年四月ごろの話である。アグリジェント県のある村のファッシの指導者の家で会合がもたれた。それには、パレルモの「シチリア・ファッシ」の最高幹部であるバルバート、ボスコ、ヴェルロらが出席していた。そこで、パレルモの中央委員会のメンバーから、二万人のライオン（マフィア）の援助を得て革命を実行するという提案が出された。しかし、その提案は、警察や政府当局によるファッシ弾圧に利用される、またはその危険があるということで否定された。

もうひとつは、時期は定かでないが、パレルモのアラゴネージ広場の近くの家で開かれた秘密会議である。この会議の目的は、ファッシの最高幹部の一人ボスコに、ファッシの運動にマフィアの参加を認めさせることであった。しかし、「マフィアは、政府を裏切らない」という判断で、マフィアとの協力は否定された。

この二つのエピソードの真偽は明らかでないが、ともかくマフィアとファッシの間には利害の一致は存在せず、両者の組織的な協力関係も成立しなかった。

しかし、ファッシが非常に短期的に急激に勢力を拡大しただけに、「本物」のファッシと「偽物」のファッシが混在する状況が生じたことはたしかである。「偽物」のファッシを選別する基準は、シチリアの歴史家レンダによれば、社会主義のプログラムを受け入れるかどうかという点にあった。社会主義の政治綱領に激しい抵抗を示したのは農村の中・小ブルジョアジーを中心とするファッシであった。ちなみに下級マフィアはこの中・小ブルジョアジーから構成されている。

「シチリア・ファッシ」に参加するマフィア

組織化された民衆運動であるファッシの影響が中・小ブルジョアジー階層におよんだ時、かれらはとるべき選択の決断を否応なくせまられた。たしかに、その結果、地方の権力システムと手を切り、あるいは政治の幸運の風が自分の側に吹き始めたと信じながら、ファッシに参加し、その指導者になる者もいた。ファッシを指導するようになるマフィアは、ファッシが結成される以前に、その村に存在した組織の指導者と同じであった。

クリスピが内務大臣をつとめていた時期に、かれの名前をとった労働者の組織は、マフィアが指導する選挙の集票組織であったのだが、「労働者ファッシ」と名前を変えている。たとえば、一八九二年一月に、アグリジェント県のサン・ビアジオ・プラターニ村で、その村の一人の地主を議長とする「フランチェスコ・クリスピ」という名の農民の団体が設立された。一年半後、会員のほとんどが労働者ファッシに加わったことで、その団体は解散に追い込まれてしまった。そこには、時の風向きを敏感に嗅ぎとり、富と力の源泉を目ざとく見つけるマフィアがいた。かれらに、社会主義思想も状況を変革する意識も見出すことはできない。このようなファッシに対しては、中央委員会はメンバーの資格審査をおこなっていた。しかし、ファッシ全員に対して厳しい審査基準を適用することは困難であった。

ファッシの運動をつぶさに見聞し、ファッシに参加した多くの農民から生の声を聞いた北イタリアのジャーナリストにロッシがいる。かれの残したルポルタージュは、ファッシの運動だけでなく、当時のシチリアの農民の置かれた状況を知る上で、貴重な資料である。その中で、ファッシは意図的に犯罪者を受け入れたことが指摘されている。

パレルモから約二〇キロ離れたところにピアーナ・ディ・グレーチという町がある。この町の起源は、一四世紀ごろトルコ支配を逃れて、シチリアに住みついたアルバニア人コロニーに求めることができる。ピアーナ・ディ・グレーチは、ファッシの重要拠点のひとつであり、同時にマフィアの勢力の非常に強い町であった。ロッシの質問に、その町の一人の農民は次のように答えている。

数千人の会員の中に（犯罪者は）三〜四名はいるであろう。かれらは貧困のためにわずかの小麦を盗んだのである。そのような犯罪にもかかわらず、われわれはかれらを受け入れた。もしわれわれがかれらを除外すれば、かれらは同じ過ちを犯すからである。

また、そこのファッシの委員長は、「ファッシの目的は犯罪を犯さないですむ状態を人々に与えることでもある」と述べている。

コルレオーネ村の風景

ピアーナ・ディ・グレーチと並んで、「シチリア・ファッシ」の重要な拠点であったのがコルレオーネである。映画「ゴッドファーザー」で有名となったコルレオーネはアラブ人が支配した時代に起源をもつ村で、当時約一万七〇〇〇人の人口をかかえていた。ロッシによると「アラブ起源ということもあって、コルレオーネ村の住民の気質は激しい」ものであった。そこのファッシの委員長ヴェルロは、当時二七歳の青年で、黒いあごひげと大きく突き出た目、浅黒い肌が、アラブ人の雰囲気をただよわせていた。かれは、ロッシの質問に次のように答えている。

農村にはとるに足りない窃盗をおこなった者が少なくないので、ピアーナ・ディ・グレーチと同様に、かれらを更生させるためにファッシは受け入れた。ファッシが結成された時から、ここでの犯罪件数は大幅に減少した。ほとんど係争は起こらない。なぜなら、裁判官や調停員の役をファッシがおこなうからである。本当の犯罪者は、高利貸しをおこなう地主たち、山賊の共犯者、農家の娘を凌辱《りょうじょく》する者、農民たちを棒で打ちのめす者である。処罰されずにいるこの尊大な人々の犯罪を知ってもらいたい！

マフィアの手先となって働く最もランクの低い者たちは、更生を目的として、あるいはかれらをそのように仕向けた社会・経済状況を考慮して、ファッシに受け入れられたのである。しかし、「高利貸しをおこなう地主たち」である中・小の農村ブルジョアジーからなる下級マフィアには、本質的な部分でファッシと協力関係を作り出す可能性はなかった。ファッシは社会主義的な民衆運動であり、法的権威への抗議ないしその否定として生まれた。ファッシはシチリアの政治生活の制度的枠組を改める新しい運動体であった。この運動の発起人でもあったデ・フェリーチェ・ジュフリーダは、マフィアの手先となって働いていた農民がファッシに加入したことに関連して、「社会正義の旗を説明することで、農民たちがファッシのセクションを創設しえたところでは、その地のマフィアは魔法をかけたようにただちに消えてなくなる」と、感想を述べている。ただ、確認しておきたいことは、マフィアがファッシに参加したという事実があったにせよ、それはマフィアが手先として使った人間あるいはマフィアとは関係のない単なる前科者であった。

対立するイデオロギー

レンダによれば、「シチリア・ファッシ」以前のシチリアで、政党色をもつ勢力あるいは政治的指導階層は、ほとんど貴族階級かブルジョアジーから成り立っていた。マフィアと政治の関係は、このようなシチリアに特徴的な歴史的・政治的状況にきわめて合致したものであった。ところが、ファッシが結成され、民衆の中から若い政治指導者が登場することによって、マフィアが有していた政治との仲介的機能の関係が危機におちいった。すでに指摘したように、マフィアは下層階層の現象ではない。それは支配者階層の現象である。貴族のマフィアあるいはブルジョアジーのマフィアに対抗する労働者の、あるいは農民のマフィアは存在しない。たとえマフィアの実際の行動部分において下層民衆が属していたとしても、マフィアの根幹は支配者階層に属している。上級マフィアと下級マフィアとの区別は、単なる行動形態における違いである。

文化的観点からみれば、マフィアは、農民や労働者の自律性を否定するシチリアのヘゲモニー集団であった。固有のひとつの権力に集中し、その権力の下にあらゆる行動を従属させるマフィアは、労働者の団結において社会変革を追求するファッシとは根本的に対立せざるをえなかった。それは、民衆運動としてのファッシと農村ブルジョアジーの現象であるマフィアの対立であった。それは農民・労働者のファッシとガベロットや地主のマフィアの対立であった。

時の首相ジョリッティは、地主をはじめとして国王からも出されていた「シチリア・ファッシ」の解散要求に答えるために、ファッシの中に下級マフィアや前科者が存在することをその口実にしようとした。カルタニセッタ県の警察報告は、その県のファッシに参加した前科者の数が約一〇〇〇人を超えるというものであった。しかし、実際は、ファッシ参加者の約一五％であった。ただ、前科者の基準はきわめて警察側に都合よくできており、メーデーや大衆示威行動に参加した者も前科者となっていた。結果的に、ジョリッティの出した前科者調査は目的を達成することはできなかった。

前述したコルレオーネから一八キロのところにビサクィーノという村がある。アグリジェントの県境に近いこの村の人口は当時約一万人であった。その五分の一にあたる約二〇〇〇人がファッシに参加していた。この村には、奇跡をもたらすといわれるマドンナ・デル・バルツォ教会がある。その教会の白いあごひげをはやした、民衆から「社会主義者」と呼ばれていたロレンツォ神父もファッシに参加していた。かれは農民に、「ファッシに参加しても破門にはならない。アッシジのサン・フランチェスコは最初の、そして最も偉大な社会主義者の一人であった」と、説教していた。

この村のファッシの指導者の一人に、後にシチリア・マフィアの最初の「ボスの中のボス」となるカッショ・フェルロ・ヴィートがいた。一八九三年一一月初旬、地主やガベロットから農民に有利な新しい小作契約を引き出したその村のファッシは、フェルロ・ヴィートを先頭に、楽団やファッシの旗を従えて、約三〇〇人の農民が村を行進した。ところが、それが無届け集会であったということで、ファッシと警察の間で小競り合いを起こしている。

当時三二歳のフェルロ・ヴィートは、ビサクィーノの隣村キウーザ・スクラファーニのファッシの委員長候補者になった。それは、委員長をつとめていた家畜窃盗で悪名高いマフィアに対抗するためであった。結果として、フェルロ・ヴィートは委員長に選ばれなかったが、この委員長をめぐる争いは、ファッシを舞台とするマフィア同士の権力争いにほかならなかった。

マフィアの「シチリア・ファッシ」攻撃

ファッシに対するマフィアによる攻撃が、一八九三年末から一八九四年初頭にかけて、いたるところでみられた。それは、地方行政の中での専制的な支配権を保持しようとするマフィアのファッシに対する攻撃であった。町や村の広場で起こった衝突で死傷者が出た。その一部は鎮圧に出動した軍や警察の発砲によるものであったが、同時にこの騒乱に介入した、マフィアのボスに使われる農地監視人たちの銃によるものであった。

戒厳令の施行（一八九四年一月）から「シチリア・ファッシ」の解散へと続く中で、ファッシに対するマフィアの威嚇はますます強くなった。このような雰囲気を、後にデ・フェリーチェ・ジュフリーダは、ジョリッティにかわって首相となったクリスピとマフィアの関係を暗示するかのように、最大限のアイロニーをこめてこう述べている。

ファッシの教育的に高い使命に報いるために、戒厳令、農民・労働者組織の解散を宣言した布告、そして指導者の逮捕をもって、ファッシは、マフィアの長（クリスピ）によって解散させられた。

4　初代の大ボス、ドン・ヴィート

ボスの中のボス

ドン・ヴィート。シチリア・マフィアで最初に「ボスの中のボス」と呼ばれた男である。かれは、二〇世紀初頭からファシズムのマフィア弾圧で逮捕される二十数年間にわたって、アメリカの「マーノ・ネーラ」との関係を確立し、イタリアの政治との強い絆をつくって、絶対的権力をほしいままにした。背が高く、美男子で、山羊のような軽いあごひげをはやし、洗練された紳士の雰囲気をただよわせていたかれは、ド

ドン・ヴィート

ン・ヴィートと呼ばれ、「ボスの中のボス」として尊敬を一身に集めた。

かれは、一八六二年一月二二日、農地監視人の父、小学校教師の母の間に、ビサクィーノで生まれた。母親が小学校の教員であったことから、当時のシチリアの子供としては読み書きのできる数少ない部類に属していた。

ファッシの指導者として活躍していた時、かれはマフィアの人間ではなく、アナーキストであったという説もある。警察記録には、かれの名はまず農民運動の指導者として記載されているともいわれる。しかし、前述したように、かれが活躍したキウーザ・スクラファーニ村はマフィアの巣窟として有名なところであったことや、マフィアがファッシの運動の中に利益を求めようとしてそれに参加したことを考え合わせて、フェルロ・ヴィートは、マフィアとしてファッシに参加したと考えたい。

一八九四年一月、イタリア政府はファッシの運動に対して戒厳令をしき、その解散を命じ、ファッシの指導者の厳しい追及を開始した。フェルロ・ヴィートは、その追及を逃れてチュニジアに渡った。追及の手がおさまった時点でシチリアに舞いもどったフェルロ・ヴィートは、窃盗グループを組織し、その長におさまった。その時期にかれがおこなった犯罪で、いまも伝説化して語り継がれている話がある。

パレルモの中心街を走っていた馬車が三人組の強盗におそわれ、乗っていた美人の誉れ高い一九歳の男爵令嬢が誘拐される事件が起こった。一日後、誘拐された男爵令嬢は無事に解放されたが、高額の身代金が払われたといううわさが流れた。その後、警察の調べがすすむなかで、事件の首謀者がフェルロ・ヴィートであることが判明した。

かれは逮捕され、金目当ての誘拐犯として窮地に立たされた。ところが尋問の途中に誘拐の目的がロマンチックな愛の物語であるということになった。男爵令嬢に恋をした一人の大学生に同情したフェルロ・ヴィートが、男気を出して中世の騎士よろしくかなわぬ恋のキューピッド役を買って出た、というのである。この話が真相なのか、あるいは後難を恐れる男爵の家との隠された密約なのか明らかではない。しかし、いかにも作り話という印象が消えない。ともかく、その話が認められ、懲役三年の判決がフェルロ・ヴィートに下った。

刑期の満了を待たずに釈放されたフェルロ・ヴィートは、シチリアだけの行動にあきたらず、大きな野望を満たしてくれる新天地を求めてアメリカに渡った。一九〇一年八月初旬のことである。かれの名前と行動はすでにアメリカのイタリア人世界で知られていたことから、ニューヨークの「マーノ・ネーラ」のボスたちに手厚いもてなしを受けた。

犯罪組織「マーノ・ネーラ」

「マーノ・ネーラ」（黒い手）とは、一九世紀後半にアメリカの大都市に広がったマフィアに似た組織である。それは後に「コーザ・ノストラ」へと発展することになる。「マーノ・ネーラ」は、人種の坩堝《るつぼ》であるアメリカ社会の中で、たとえばニューヨークのリトル・イタリーといった地域のように、マイノリティとして厳しい生活を強いられたイタリア人移民が肩をよせあって生きる場所に自然にできあがった組織であった。もちろん、イタリア系アメリカ人のすべてが犯罪に手を染めたわけではない。その中から実業家として活躍する者、大学で教鞭《きょうべん》をとる者、歌手・俳優として世に出た者もいる。また、リトル・イタリーの住民が犯罪組織と手を切って善良なアメリカ市民になろうとしたこと、あるいはイタリア系の犯罪組織に敢然と立ち向かおうとしたイタリア系アメリカ人の警察官もいたことを決して忘れてはならない。

「マーノ・ネーラ」の起源について、アメリカに移民として渡ったマフィアの人間に求める説、あるいはシチリア、カラブリア、ナポリの犯罪組織の混合という説もある。いまのところ、この点について明快な解答を与えるものはない。ただ、シチリアからアメリカへの移民が増大する一九世紀後半から二〇世紀にかけて、「マーノ・ネーラ」とシチリア・マフィアの関係が強くなっていったことはたしかである。この時期に、逮捕を恐れたマフィアの人間が、隠れ場を求めてアメリカに渡っている。その中には、その後、「マーノ・ネーラ」、「コーザ・ノストラ」の中心的人物となる者が含まれていた。

「マーノ・ネーラ」の本来の目的は、アメリカの移民社会におけるマイノリティのイタリア系移民の相互扶助であり、たとえ暴力が使われたとしても、もっぱら自己防衛的なものであった。だが、その本来の目的がしだいに変質し、犯罪組織となっていった。リトル・イタリーでの貧しい生活を歯をくいしばって耐えているイタリア人の商人たちに、「マーノ・ネーラ」は保護という名の「税」、すなわちピッツと呼ばれるいわゆる所場代を課すようになる。ピッツは、本来、小鳥のくちばしという意味である。マフィアの隠語に「くちばしを湿す」というのがあるが、ピッツによってマフィアが潤うということである。「マーノ・ネーラ」にピッツのシステムを導入したのは、ドン・ヴィートであるといわれる。かれのアメリカ滞在はわずか三年であったが、ピッツの導入にみられるように、「マーノ・ネーラ」のみならずシチリア・マフィアをその後大きく発展させる基礎を築くのに十分であった。

アメリカ人警察官ジョゼフ・ペトロジーノ殺人事件

一八九〇年一〇月のある夜、ニュー・オルリンズで一人の警察官が殺された。外国人排斥運動ともからんでイタリア人に対する差別語「ディゴ」が新聞に氾濫し、警察官殺しの容疑がイタリア人にかかった。一九名のイタリア人が起訴されたが、全員が無罪とわかった。一九名のイタリア人が逮捕された時、それに抗議して刑務所に押しかけたイタリア人移民が、アングロ・サクソン系住民から手ひどい私刑を受ける事件が続いた。

クリスピの後を継いだ同じくシチリア出身の首相ディ・ルディーニは、この事件に抗議して大使を召還したばかりでなく、外交関係の断交を示し、宣戦布告にいたるかと思えたほど両国の関係は悪化した。この時期に、アメリカの新聞では、「マーノ・

ネーラ」がマフィアと同義語で使われ始めている。アメリカ政府は、この事件以後、「マーノ・ネーラ」の撲滅に乗り出した。その捜査に抜擢された一人にイタリア系アメリカ人警察官ジョゼフ・ペトロジーノがいた。

一九〇九年二月、ニューヨーク警察は、アメリカに移民として来たイタリア人の中で、犯罪を起こす恐れのある人物に関する情報収集のために、ペトロジーノをイタリアに派遣した。それらの人物は、イタリアにおける犯罪歴を削除した書類、あるいは偽造書類をアメリカ側に提出していたからである。ローマで内務大臣ペアーノと会談した後、ペトロジーノはパレルモに向かい、マリーナ広場近くのホテルに偽名で投宿し、隠密行動をとった。その理由は、「マーノ・ネーラ」の摘発にかかわる警察官がアメリカからシチリアに派遣されたことがシチリアのマフィアに知らされ、かれに危害が加えられることが十分に予測されたからである。

パレルモの犯罪記録保管所で調査をおこなっていた三月一二日、ホテルを出てマリーナ広場にあるガリバルディ記念像の近くで電車を待っていたペトロジーノは、背後からピストルで四発の銃弾を浴びて死んだ。この事件の犯人として、アメリカ滞在中に「マーノ・ネーラ」と深くかかわり、ペトロジーノの顔も知っていたと推測されたことで、ドン・ヴィートに嫌疑がかかった。しかし、ドン・ヴィートは、一人の国会

当時のマリーナ広場
（右下の円内はペトロジーノ。矢印が犯罪現場）

議員のアリバイ証言でその嫌疑を逃れることができた。その証言は、ドン・ヴィートを食事に招待し、殺人のあった時刻には自宅にいたというものであった。だが、殺人のあった時刻に、ドン・ヴィートは急用のためにに席をはずし国会議員の馬車を借りて外出していたことがわかった。結局、ドン・ヴィートは証拠不十分で逮捕を免れた。この事件は、シチリア・マフィアと「マーノ・ネーラ」が密接な関係にあることと、マフィアと政治家が癒着していることを示すものであった。

ドン・ヴィートの表の顔と裏の顔

一九〇四年一〇月、刑を免れるためか復讐をさけてか、ドン・ヴィートはアメリカからパレルモに居を移した。パレルモで「犯罪企業」を組織し、シチリア、チュニジア、カラブリア、サルデーニャ島、マルセーユを活動領域とする漁船団を所有した。その船は表面的には漁をすることになっていたが、実態は盗品である家畜の肉などの密貿易に使われた。

これがドン・ヴィートの裏の顔であった。表の顔は、派手な服装で長いパイプで煙草をくゆらすパレルモの上流社会の名士であった。夜ごと開かれるパーティでは貴婦人と音楽、詩、絵を語り、昼はその地の名士たちと狩に出掛ける毎日であった。民衆向けの顔として、慈善のバザーには気前よく寄付をした。夜の祈りに出かける途中の民衆がドン・ヴィートに出会い、手の口づけを求める。ドン・ヴィートはかれらに「祝福を!」と答える。かれはすべての人々に答え、すべての人々に元気づける言葉を与え、かれを頼ってくる者すべてに援助を約束した。この古いマフィアの典型的な行動形態の背後には、暗い犯罪から成り立つ世界があった。

ひとつのエピソードがある。おかかえの床屋が、切り捨てたドン・ヴィートの髪をお守り製造業者に売ってしまった。それを知ったドン・ヴィートが床屋を厳しく叱った。このエピソードから、ドン・ヴィートがパレルモの民衆の中で恐れ疎まれる存在というよりは、尊敬され慕われる人物として、また一種の民間信仰の対象といった存在であったことがうかがえる。民衆にとって、もちろん恐るべき威圧感をもつマフィアの「ボスの中のボス」としてドン・ヴィートは存在したが、同時に尊敬され、崇拝される人間であった。くわえて、彼の政治的・社会的支配下で民衆は生きる糧《かて》を得ることができたのである。

家柄にも財力にも無縁であった一人の人間が、自分の力だけでパレルモ社会の頂上部まで這いあがったことに、一人の人間のサクセス・ストーリーを民衆が見出したとしても決して不思議ではなかろう。そうした民衆の精神的風土は、なにもシチリアに特徴的なことではなく、世界で広く認められることである。シチリアのパレルモに特徴的なことは、マフィアのこのような行動規範が、制度化されていったことである。その制度化されたマフィアが、政治との癒着を強める過程で、「国家の中の国家」を作り出し、国家に対抗する存在になったのである。

マフィア研究者のパンタレオーネは、ドン・ヴィートの「学校」からその後五〇年以上にわたって犯罪産業を築くことになるマフィアたちが巣立っていったという。マフィアは、資本主義の発展段階にあったイタリアの政治体制の中にしだいに浸透していき、同時に「マーノ・ネーラ」との直接的関係をもつようになり、その後の発展の基礎を築いたといえる。

シチリア出身の政治家たち

ドン・ヴィートがマフィアの「ボスの中のボス」としてシチリアに君臨した時期は、ジョリッティ時代と合致する。この時期にマフィアが本格的に中央政治との癒着を強め、ドン・ヴィートはその勢力を一段と拡大したのである。

一九世紀末の約一〇年間、ジョリッティ内閣をその間にはさんでいるが、クリスピ、ディ・ルディーニとシチリア出身の首相の支配が続いた。だが、シチリアの近現代史に詳しい歴史家レンダによれば、一八九八年六月の第五次ディ・ルディーニ内閣の崩壊は、イタリア政治の中でのシチリアの主役の時代が終わったことを印すものであった。ちなみに一九一七年にオルランドが内閣を組織するまでシチリア出身の首相は出なかった。

「歴史的左派」政権時代、シチリアは政治的・文化的局面で非常に重要な役割を果たし、イタリアの産業革命の中心地のひとつとなる北イタリアのピエモンテと並んで、イタリア王国のかなめのひとつであった。しかし、ジョリッティ時代と呼ばれる二〇世紀の最初の約二〇年間に、シチリア出身の政治家はイタリア政治において主導的役割を失い、政治の枠組の中で力のない存在となっていた。イタリアの中でそれまで占めていた勢力と影響力をシチリアが失ったことは、一九〇〇年の総選挙で明らかとなった。

この時期のシチリア出身の政治家の典型がサン・ジュリアーノである。第一次ジョリッティ内閣の農・商・工大臣次官をつとめたサン・ジュリアーノは、ペルー内閣では郵政大臣となった。一九〇〇年の選挙ではペルー政府側に立って、ジョリッティ・ザナルデッリ側と戦った。その選挙の敗北でペルー内閣が崩壊すると、サン・ジュリアーノはその機をのがさず、ジョリッティ・ザナルデッリの新しい多数派につき、その後のリビア戦争、第一次世界大戦の勃発というイタリアの重大局面で要職をつとめ、万人の認めるイタリア外交の責任者となった。このような変わり身の早さは、当時のその他のシチリアの政治家にも見出せるし、そのことがシチリアの万年与党主義と呼ばれる所以《ゆえん》でもある。事実、第五次ディ・ルディーニ内閣の崩壊から第一次世界大戦前夜まで、シチリア出身の代表的政治家が入閣しない内閣はなかった。

ジョリッティ時代のマフィアと政治

ジョリッティ時代に、万年与党主義のシチリア出身の議員は、地方の名士でもあるマフィアを選挙の集票に使った。その見かえりとして、縁故による官吏への採用、利権の分配といったマフィアと政治家の恩恵と庇護の関係がさらに強化された。この政治とマフィアの同盟においてむき出しの露骨な行動に出たのは、マフィアではなく、むしろ政府のほうであった。有権者に対して、選挙協力の報酬として金銭、仕事、補助金の供与、資金の貸付などをおこなった。また、銃器携帯許可や仲買人許可を取り消すという脅迫をおこなう場合もあった。このような選挙活動で、マフィアの役割は補助的なものとなり、マフィアと政府支持者や警察との区別さえなくなったほどであった。

政府によるマフィア顔負けの不正選挙が横行し、その過程で政治とマフィアの結託がますます進行した。歴史家サルヴェーミニは、ジョリッティが政府を支える議会多数を確保するために、シチリアの支配階層を構成する上級マフィアと手を組んでおこなった不正選挙を明らかにし、かれを「犯罪相」と呼んだのは、まさにこのような状況をふまえてのことであった。

第三章　ファシズムとマフィア

1　マフィアとファシズムの共存期

山賊とマフィア

イタリアは三国同盟を破棄し、協商国側について、第一次世界大戦に突入した。戦争が始まって一〇ヵ月後の一九一五年五月のことである。この戦争に対して、とりわけシチリア人はきわめて冷淡であったし、国家を防衛するという意識を欠いていた。シチリア人はイタリア人の戦争に巻き込まれる気はなかった。その理由は統一国家への同意の欠如にあったし、北部イタリアを中心とする近代化に対する反発に求められる。シチリア人が同意したのは、遠く離れたローマの政府ではなく、自分たちの身近に存在するマフィア王国であった。

戦争に動員された兵士の数はイタリア全土で五九〇万人にのぼった。だが、シチリアの青年の多くは徴兵を拒否し、山中に潜み山賊となった。戦争中に警察権力が弱体化した状況において、徴兵忌避者が大量にくわわった山賊がシチリア西部では跋扈《ばっこ》することになる。山賊の行動の中心は家畜窃盗であった。盗んだ家畜をさばくために、山賊はマフィアと関係をもたざるをえなかった。山賊とマフィアの間にははっきりとした相違がある。山賊はたしかにシチリアに歴史的に存在する風土病のような現象であるが、南部イタリアやサルデーニャ島にも存在し、シチリアだけのものではない。マフィアは、のちにそれが広がりをもったとしても、もっぱらシチリアの現象である。その行動形態にも相違がみられる。山賊はその力を誇示することによって存在が可能であるのに対して、マフィアは行動においてきわめて控えめで、善良な市井の人間と変わらない。

ただ、両者は行動において密接な関係をもっている場合が多い。山賊はマフィアの組織構造の中に地位をもたない。山賊は保護と援助の交換で、マフィアの活動を補充する。山賊の活動は、マフィアが求める行動の代理にすぎない。その結果、マフィアと山賊が相互に依存しあう世界が生まれる。山賊はマフィア間の抗争に使われる場合もある。マフィアは自分の支配する地域を、かれらの法に従って正常な状況に置くことを望む。正常な状況において多くの利益をあげられるからである。別のいい方をすれば、マフィアがその権力を十分に機能させせられれば、対立するマフィアも抑えることができる。もしマフィア間に争いが生じれば、殺戮《さつりく》が繰り返され、収益も減少する。そこでマフィアは、自分の支配地域に他のマフィアが侵入するのを防ぐために山賊を使う。このように、山賊とマフィアは、その現象と特質において異なるものであるが、相互の利害から結びつくことになった。

山賊とマフィアが結合して、とりわけシチリア西部の農村地帯を荒らしまわったが、まさにそれは野放しの状態であった。この状態は第一次世界大戦が終わったのち、さらに悪化した。

第一次世界大戦後の社会・政治混乱とファシズムの誕生

たしかに、イタリアは戦勝国として終戦を迎えた。だが、否応なく戦争に動員され、帰還した農民の多くが、その勝利の実体に幻滅と悲哀を味わうことになる。戦闘意欲を鼓舞する目的で、戦争中に土地分配が公約されていた。シチリアでは、山賊の跋扈にくわえて、この公約の実行をせまる農民の運動が激化した。農民が休耕地や未耕作地を占拠するにおよび、社会の混乱は最高潮に達した。一九二〇年一一月、政府は、パレルモで起こった農民による五〇〇ヘクタールの土地占拠を適法とし、その他に三〇〇ヘクタールの一時的占拠を追認せざるをえなかった。

他方、北部イタリアの工業都市では、労働者による工場占拠闘争が展開されていた。だが、この闘争の失敗に続く社会主義運動の衰退が始まる時期に、ファシズムの大衆運動が起こった。その最初の象徴的事件が、一九二〇年一一月、ボローニャでの社会党市長の就任演説会場へのファシストの攻撃である。それから二年後の一九二二年一〇月、ローマ進軍と呼ばれる一種のクーデターによって、ムッソリーニは政権を掌握した。以後二〇年間、イタリアはファシズム体制下に置かれることになる。

ムッソリーニのローマ進軍

南部イタリア、ことにシチリアではファシズムの浸透が弱く、支持者も少なかった。一九二一年の国政選挙において、シチリアでは一人のファシストも選出していない。シチリアへのファシズムの浸透が遅れたことについて、後述するパレルモのファシズム指導者クッコは、シチリアにはボルシェヴィズムに対する真の恐怖が存在しなかったことを、その要因としている。

農民運動の激化に危機感を抱いたシチリアの大土地所有者の多くは、一九二〇年に結成された農業党に拠り所を求めた。人民党を脱党して農業党を結成したタスカは、大土地所有者層の利益を最優先するスローガンを掲げ、大土地所有制の改革案、いわゆるヴィゾッキ政令を発したニッティ政府を激しく攻撃した。

ズウ・カーロの登場

農業党の熱烈な支持者の一人に、マフィアの大ボスであるカロジェロ・ヴィツィーニがいた。大戦前、「ズウ・カーロ（カーロ伯父）」と呼ばれたかれは、幾度も犯罪行為で逮捕されながらも、すべて証拠不十分で不起訴となった経歴をもっていた。かれは、戦争中、軍隊への馬・穀物の供給の仕事を始め、その行動範囲を大きく拡げ、同時に多くの収益をあげるようになった。軍隊に供給した馬は山賊などに盗ませたもので、安く買いたたき、高値で売った。また、病気や年をとった馬を安く買い、それを軍に供給した。そうした馬は、多くが戦場に着く前に死亡した。このことが新聞にあばかれてスキャンダルとなったが、かれは、政治家や軍の高官に手をまわして、無罪放免となった。

ズウ・カーロは、すでにローマ進軍以前にミラノでムッソリーニと会い、家族とども食事をする仲であったといわれる。その他のファシストとも関係をもち、資金援助もおこなったという説もある。このことはムッソリーニが政権を獲得し、一九二五年のマテオッティ事件で生じた危機を乗り越えて体制を確立するまで、既存の利用できるあらゆる勢力と妥協したことを意味する。

古いマフィアと新しいマフィア

一九二四年一月、パレルモ知事は、ムッソリーニとの合意の上で、パレルモ県の政治・社会状況の調査をおこなった。その報告書によって、多くの町村がマフィアに直接的に支配されていることが明らかにされ、具体的に中心人物の名前まであげられた。その他に、「マフィア・ファシスト」が多くの町村で定着し始めたこと、そしてそのこととの関連で古いマフィアの他に新しいマフィアが生まれ、それらが対立・抗争を始めたことも報告されている。

古いマフィアは、社会階層としてきわめて裕福で、農村社会で大きな人望を集め、政治的にはファシズムが政権を掌握する前から緊密な関係をもっていた国会議員を継続的に支持し、保守主義を固守する立場にあった。それだけに、かれらの存在を薙《な》ぎ倒すような急激な変化に強い恐れを抱いていた。他方、新しいマフィアは、戦争中に下層社会からのし上がり、戦後の混乱期にその力をつけた「革新的」な特徴をもっていた。古いマフィアから独立するだけでなく、それを追い落とそうともくろむ新しいマフィアはファシストと手を組むことによって自らの野心を達成しようと考えていた。

ファシズムとマフィア

一九二四年四月の総選挙ではファシストによる徹底した不正選挙がおこなわれ、存在しない人間や故人となった者が選挙人となったり、反対派に対する暴力や脅迫は目に余るものであった。シチリアもその例外ではなかった。パレルモ県では、ファシストが加わった名士からなる選挙リストが、総投票数六九万七〇〇〇中の四七万六〇〇〇票を獲得し、三八名の議員を選出した。その選挙で首相もつとめ、かつマフィアとの深いつながりをもっていた自由主義者のヴィットーリオ・オルランドは第三位で当選した。ファシストの指導者で新しいマフィアと関係を強めていたクッコは第五位であった。

翌一九二五年四月に地方選挙がおこなわれた。クッコはファシズムの名誉にかけてもオルランドに勝たねばならなかった。一時、ファシズムにすりよるかにみえたオルランドは、結局「自由のための議会連合」という選挙名簿で選挙戦の先頭に立って戦った。オルランドは、これまで大きく依存してきたマフィアの応援を得て、この選挙を乗り切れると楽観的に考えていたふしがある。しかし、状況はいまや大きく変化していた。古いマフィアの一部もそれまで支持してきた国会議員との依存関係に見切りをつけ、ファシスト政府の中に新しい友人をすでに見出していた。何人かのマフィアのボスは、新しく登場した政治勢力であるファシストに、自分たちを少しでも高く売りつけようと画策した。その中には、ピアーナ・ディ・グレーチの町長クッチアも含まれていた。

クッコの風刺画

風向きを敏感に嗅ぎとることに長けたマフィアを熟知していたオルランドは、選挙中にパレルモのマッシモ劇場でおこなわれた演説会で、マフィアに対して次のような有名な殺し文句を使った。

もし、マフィアがいまや誇張されるまでにいたった名誉という意味で理解されるならば、私はマフィアの人間であることを宣言し、そうであることをうれしく思う。

このオルランドの言葉は、結果として、古い政治家がいかにマフィアに汚染されているかを示しただけであった。そして、より強大なファシズムに抗して、より小さな悪であるマフィアを使うことを正当化しようとするオルランドの絶望的なあがきでもあった。

他方、クッコは反マフィア・キャンペーンを張り、オルランド側をマフィアと結合しているとして激しく攻撃した。だが、クッコもマフィアの存在を無視して選挙に勝てるとは考えていなかった。クッコの反マフィア・キャンペーンは、かれらの真の目的を隠すために埃《ほこり》を立てたにすぎず、いうなればマフィアを守るためにマフィアを攻撃したのであった。このことは、クッコが反マフィア・キャンペーンを張った新聞『シチリア・ヌオーヴァ』の創刊費用がマフィアのボスたちから出ていたこと、その定期購読者の中に多くのマフィアの人間がいたことからも明らかである。

選挙の結果はクッコ側が二万六四二九票、オルランド側が一万六六一六票で、ファシスト側は一年前の総選挙の雪辱を果たした。

ムッソリーニのシチリア訪問

一九二四年五月、新選挙法による総選挙で勝利をおさめて一ヵ月後、ムッソリーニは戦艦「ダンテ・アリギエーリ」号でパレルモに着いた。当初このシチリア訪問は二週間が予定されていたが、わずか五日間で切り上げられた。その理由のひとつに、古色蒼然とした古いシチリアの上流階級の雰囲気がムッソリーニの膚に合わなかったことをあげる者もいる。また、かれが、「ここはすべてが悪党どもの集団である。動くたびにマフィアの悪臭がする」と、秘書に述べたとも伝えられている。この時点で、ムッソリーニ自身は、マフィアがシチリア社会で保持する隠然たる力を理解できていなかったといえる。そのことを痛烈に思い知らされる事件が、五日間のシチリア滞在中に起こった。

ムッソリーニは、パレルモにおける街頭行進が終わると、随行員の困惑をよそに、突然近くの町を訪問したいといい出した。そこで選ばれたのがマフィアの巣窟といわれたピアーナ・ディ・グレーチであった。現在でもギリシア正教を信奉し、アルバニア語を話すこの町は、リソルジメント期を通じて、また統一後も前述した「シチリア・ファッシ」にみられるように民衆運動の強い伝統をもっていた。町長は、背が低く太ったその体型から小びんと呼ばれるマフィアのボスのクッチアであった。

パレルモを訪れたムッソリーニ（右から三人目）

ピアーナ・ディ・グレーチに到着したムッソリーニは、クッチアを同乗させた車で町をまわることになった。ムッソリーニのとなりの席にすわったクッチアは、車の両脇を固めた護衛のオートバイをみて大声で尋ねた。「この大勢の警察官はなんですか？　私といれば何も心配することはありません。この町で私の命令をきかないものはいませんから！」。この時はじめて、ムッソリーニはマフィアというものの一端を知らされた。マフィアは警察権力以上のものをもっていること、そして国家に挑戦する存在であることを。

威信を著しく傷つけられたムッソリーニは、護衛をはずすようにというクッチアの要求を拒否した。そこで、尊大な人間として有名であったクッチアはムッソリーニに次のような報復をおこなった。演説をするために町役場のバルコニーに立ったムッソリーニは、広場にいるのがわずか数十名で、それもクッチアが選んだ物乞い、知的障害者だけであることに気づいた。今度はムッソリーニの面目がまるつぶれとなった。

このいまや伝説化した事件が、ファシズムのマフィア撲滅作戦の要因でもあるというドラマ仕立ての解釈がある。

ムッソリーニとマフィア

後述する「鉄の知事」の異名をもつことになるパレルモ知事モーリの力によるマフィア撲滅作戦は、マテオッティ事件後の危機を乗り切ったムッソリーニのファシズム国家体制確立の一環であった。その政策は、一九二五年から一九二六年の二年間に、出版・思想の自由の弾圧に始まり、県知事の権限強化、治安維持法などと矢継早に打出された。

一九二二年以後、そして一九二四年まで、マフィアの主要人物は、オルランドのようなシチリアの支配者階層出身で古くからの政治指導者の基盤を支えながら、自由主義運動を支持し続けていた。このような状況にあって、反マフィア作戦は、ムッソリーニにとって、ひとつの大きな方便であった。すなわち、それは、まごうことなくマフィアに汚染されていたシチリアの自由主義運動、とくにオルランドの政治・選挙基盤に打撃を与え、破壊し、同時にファシズム体制に好ましからぬマフィアを罰する特別に配慮された方法であった。ある部分で、ムッソリーニは、以前の自由主義政府の指導者がおこなった例に従うにとどまった。たとえば、一八七四年、「歴史的右派」政府は、シチリアに強権的な反マフィア措置を発表し、当時全国的に高まりを見せていた左派勢力に打撃を与えようとした。一八九三年には、ジョリッティはシチリア・ファッシを解散できる時期と考えるや否や、それをマフィアの巣窟であると告発した。

マフィアとファシズムの関係をみるならば、一九二二年から一九二四年までは基本的には両者の共存ないし協力関係に特徴づけられる第一期といえる。この時期まで、ファシズムはその体制を確立しておらず、従ってできうるすべての協力を受け入れざるをえなかった。たしかに、ムッソリーニは前述したピアーナ・ディ・グレーチの事件で国家指導者の面目を著しく傷つけられ、シチリア訪問中におこなった演説、そして議会演説において、マフィアに対する批判・攻撃をしている。しかし、シチリア訪問から一年後の一九二五年の地方選挙では、オルランドに代表される伝統的政治勢力を放逐するためにマフィアを攻撃しながらも、オルランド側以上にマフィアを利用し、ファシズムの側に組み入れていったのである。シチリアは元来きわめてナショナリストの勢力が強いところで、クッコやアビッソといった代表的なナショナリストが、一九二四年の総選挙、一九二五年の地方選挙で、ファシズムとの共存ないし妥協を通じてその中に合流していった。それらの人間もまた、マフィアとの保護・恩恵の関係に強く規定され、それに依存する人間であった。

2　ファシズムのマフィア撲滅政策

「鉄の知事」モーリ

マフィアを力で徹底的に撲滅し、「鉄の知事」と呼ばれるようになるチェーザレ・モーリが、一九二五年一〇月、パレルモ知事に任命され、赴任した。かれは、ボローニャ知事時代の一九二二年六月、市庁舎を占拠しようとしたファシスト突撃隊を軍隊で弾圧したことから、当時フィレンツェの閑職に左遷されていた。その人物がマフィア撲滅のために異例の抜擢となったことには、次のような背景があった。

モーリ

パレルモ知事として、シチリア人でなくシチリア問題に詳しい人物ということで人選していたところ、モーリの名前が浮かび上がった。かれは北イタリアのパヴィーア出身で、一九〇四年から一九一八年まで一四年の長期間、シチリアのトラーパニ県のカステルヴェトラーノ警察に勤務し、懲役忌避者などからなる山賊掃討に力を注いだ。ただ、ボローニャ知事時代のファシスト突撃隊に対する弾圧というかれの過去が問題となった。しかし、ボローニャでの行動は職分を忠実に実行したのであって、反ファシズムという政治的動機によるものではなかったという結論にいたった。ムッソリーニは、モーリが政治的人間ではなく、厳格すぎるほど職分に忠実な役人であることを重要視して、まずトラーパニ知事に任命した。その任命は、最初からパレルモ知事転出を前提とした過渡的なものであった。ムッソリーニはモーリにマフィア撲滅について白紙委任をした。モーリはシチリアにおける絶対的権力を享受した。

モーリは、パレルモの知事をつとめた三年間に、徹底した力によるマフィア撲滅作戦を精力的に展開した。かれの作戦行動は、「戦争と戦闘の計画」と名づけられたことからもわかるように、苛烈をきわめた。その最初の目標は、マドニーエ山中に点在する一〇ほどの村の山賊を掃討することであった。掃討目標の中心は、ガンジ村である。

ガンジ村の山賊一掃

パレルモ県に属するガンジ村は、標高一一五〇メートルに位置し、一万六〇〇〇人の人口を抱えていた。山々に囲まれたガンジ村は、地中海のスイスと例えられるほど風光明媚なところであるが、山賊の支配する無法の小王国とも呼ばれていた。山頂の近くに張りつくように建てられた家々に、山賊は家族とともに住み、居酒屋で飲み食いし、日曜日には教会でミサを受けていた。かれらは一般市民となんら変わるところのない生活をしていた。

しかし、山賊の住む家は一般市民の家とは構造上はっきりと異なっていた。警察の攻撃に備えて山側に階段状に建てられた家は、道路に面した出入り口のほかに、緊急の逃亡用に地下道を掘った秘密の出口を備えているのが普通であった。自然の地形を利用して造られた地下道で、山賊の家々が結ばれているところもあった。このように、ガンジ村は自然を利用した山賊の要塞であり、無法者の天国であった。

ガンジ村には当時四つの大きな山賊団が存在していた。山賊の頭領が招集をかけると、部下は鉄砲をもち、ブラシのよくかかった馬に乗って集結地に集まった。目標は頭領によって決められていた。ある時は農場襲撃であり、ある時はかれらの要求に耳を貸そうとしない地主に対する懲罰であり、またある時は金目当ての誘拐であった。かれらにとって最も利益の大きい仕事は家畜窃盗であった。山賊が盗んだ牛や羊をマフィアが買い上げ、それを秘密の屠畜場で解体した。肉はシチリアだけでなく、大陸部にもマフィアのルートを通じて売られた。また、盗んだ家畜を船でチュニス、アルジェといった北アフリカの都市に密かに輸出することもあった。その輸出に携わっていたのが、当時シチリアのマフィアの大ボス、ドン・ヴィートであった。

ガンジ村のマフィアと結合した山賊掃討の第一段階として、カラビニエーレ（憲兵）、ファシスト義勇兵、警官が大量に動員された。かれらは山賊の家々を監視し、山賊同士の相互連絡を絶つために電信線を切り、道路を完全に封鎖した。続いて村の家々をしらみつぶしに捜索し、多くの山賊を検挙・逮捕した。その数は一五〇〇人を超えた。地下や壁の内側に造られた、外から一見しただけではまったくわからない秘密の隠れ家にひそむ山賊の幹部を、妻子を人質にして自首させようとした。それでも隠れ家から出ようとしない山賊に対しては、家に火を放ち、いぶり出した。この一斉検挙で逮捕された山賊が数珠つなぎに手錠をかけられ、徒歩で警察に連行された。それまで恐れるものもなく、傍若無人に振る舞ってきた山賊も、モーリの力による弾圧の前に、一夜にしてその権威を失ってしまった。

マドニーエ山中の村々から山賊を一掃したことで、モーリは、「一兵士でも一官僚でもない。かれは突撃兵である」といわれた。モーリが反発をも生じかねない力による山賊弾圧に踏み切った背景には、シチリアに存在する一種のマフィア信仰――必要悪としてマフィアを承認し、それなしには生きられないという――の呪縛《じゅばく》からシチリア民衆を解放しようという考えがあった。そのことは、ファシズムのマフィア撲滅が、「道徳的浄化」と呼ばれたことからもわかる。その意味で、モーリの山賊掃討の成功は、シチリア民衆にはかりしれない心理的影響を与えた。統一国家成立以来、はじめて本腰を入れてマフィアと対決しようという姿勢、そしてマフィアと結びついて野放し状態にあった山賊を打ち負かしたという事実は、民衆の目に、モーリが不可能を可能にする人間として映ることになった。だが、モーリが採った方法は、法の範囲を逸脱する部分も多かった。それだけに、シチリアの民衆に、国家は暴力的で血と涙を撒き散らす存在、というイメージを与えたことは否定できない。民衆には、暗黒の世界に後戻りするように思えた部分もあった。

マフィア撲滅作戦

モーリは、山賊掃討という実力行使に続いて、マフィアの活動基盤に対する規制に乗り出した。マフィアの温床ともいえる農地監視人、荷馬車の御者などの活動は、地主や持ち主の承認を得て、警察がチェックして許可した。警察の許可が得られない者はそれらの仕事に就けなくなった。その結果、農地監視人として地主と農民の仲介的立場を利用して双方から利益を吸い上げていたマフィアは、それまでの特権を失うことになる。過去に犯罪歴があるかふるいにかけられ、前科がないことを条件に職を得た農地監視人は、監視する地域で起こった犯罪行為をただちに警察に報告することが義務づけられた。地主には自分の所有地に存在するほら穴、洞窟を正確に報告する義務が課せられた。いうまでもなく、それは山賊の隠れ家となるほら場所を警察が正確に把握しておく必要があったからである。

さらに、その他のこまかい指令が出された。山賊の待ち伏せ場所となる道路から一〇〇メートル以内に群生する葦を、すべて切り倒すことが命じられた。家畜窃盗防止のために、牛・馬・羊に所有者の焼き印を押すことが義務づけられ、密殺された肉を売る肉屋は厳しい取り締まりを受けた。これらの方策は、すべてマフィアの温床とみなされるものを徹底的に根絶し、犯罪世界を孤立させる方針にもとづくものであった。

ガンジ村の山賊掃討の成功で勢いに乗るモーリは、マフィア撲滅の網を拡げ、多くの人間を検挙・逮捕した。その数は、カーカモとヴァレドーモでは三〇六人、ピアーナ・ディ・グレーチではマフィアと関係あるという風聞だけで強制居住指定ないし警告を受けた者も含めて六〇〇人を超えた。マフィアの支配する村々はほとんど捜索され、一〇〇人から二〇〇人の検挙者を出した。その中にはマフィアの共犯者とみなされた弁護士、司祭なども含まれていた。しかし、このような大量の逮捕にもかかわらず、その大部分は雑魚《ざこ》であった。とはいえ、モーリの大弾圧になすすべもなく、逮捕されたマフィアのボスもいた。

葦の群生
（山賊の待ち伏せ場所となる）

ドン・ヴィートの死

国会議員、貴族、大土地所有者といったシチリアの上流階級からも絶対的な尊敬を集めていたドン・ヴィートもその一人であった。かれは、それまでペトロジーノ暗殺やその他の数限りない犯罪で起訴されたものの、証拠不十分ですべて釈放されていた。しかし、モーリはマフィアの常套手段であるオメルタを認めず、周到に収集された証拠で、一九二二年に起こったある殺人事件の首謀者としてドン・ヴィートに終身刑の判決をくだした。その判決を前に言葉を求められたドン・ヴィートは次のように述べたという。

あなた方は、わたしの数知れない犯罪を証拠だてることができなかったので、まったく身に覚えのない罪で牢にぶち込むほかないわけだ。

投獄されたとはいえ、ドン・ヴィートは獄中から幸いにしてまだ外にいる仲間に、投獄された者の家族を扶養させ、その子供の結婚費用を出すように指令を出した。行動の自由を奪われたとはいえ、かれは隠然たる力の行使をし続けたのである。そこには看守も含めて刑務所の中にまでマフィアの勢力がおよんでいたことがうかがえる。

ドン・ヴィートの最期は、その起伏にとんだ生涯、そして晩年の名士としての華やかな生活にくらべると、いかにもあっけなかった。投獄されてまもなく、突然に心臓麻痺で死んだ。かれが入れられた刑務所の独房の壁には、シチリア方言で「獄中での病気と不自由さで、人は友の真心を知る」と書きしるされていた。ドン・ヴィートとて人の子、その感傷的な一面を物語るものである。その言葉が書きしるされた部分は、ごく最近まで防護ガラスでおおわれ、残っていたという。

逮捕されたマフィアのボスたち

ヴィッラルバのボスであったカロジェロ・ヴィツィーニも逮捕された。かれについては後述するが、小地主の息子として生まれ、兄弟には司祭もいた。カルタニセッタの鉱山マフィアとしてスタートしたかれは、第二次世界大戦後シチリア・マフィアの大ボスとなる。当時すでに有力なマフィアの一人であったことで逮捕されたが、ファシズム政府の高官の介入で五年間の強制居住指定という軽い判決になったといわれる。その間にも活動を停止することなく、利潤の大きい不動産の事業にのりだした。

ヴィツィーニの後継者となり、歴史的マフィアと「企業家としてのマフィア」の橋渡し役をつとめることになるジェンコ・ルッソも逮捕され、五年の懲役刑を受けることになる。

その他、ピアーナ・ディ・グレーチ町長クッチアも含めて、多くのマフィアの町・村長が逮捕された。たしかに、逮捕者の中にはドン・ヴィートのようなマフィアの大物が含まれてはいたが、ほとんどは雑魚であった。このようなマフィア掃討は「せいぜい雑草の頭を切ったぐらいのもので、実際に必要なのはその雑草を繁殖させている土壌と気候を変えることである」と、モーリは考えていた。そして、逮捕者の数から質への転換をはかろうとした。

実際のところ、下級マフィアを使って自らは手を汚さない上級マフィアは、膨大な数の逮捕者からは抜け落ちていた。上級マフィアは、マフィア撲滅の嵐を風にそよぐ葦のように受けながし、それが過ぎさるのを静かに待っていた。あるいは、あくまでも擬装転向という形でファシズム体制を受け入れていた。

この上級マフィアは、表面的にはファシズム体制に従順をよそおいながらも、それまでの支配能力を失うことなく、隠然たる権力を維持し続ける一方で、失った権益の回復と弾圧の張本人であるモーリに対する復讐の機会を慎重にさぐっていた。モーリを陥れようとするマフィアの画策は、ガンジ村の山賊掃討直後から始まっていた。モーリ個人を誹謗する匿名の投書が、その時期から数多くローマによせられている。その中には、ファシズムが推進していたアウタルキー政策、すなわち自給自足体制の一環である「穀物戦争」のための労働力が山賊掃討作戦によって失われ、シチリアではその政策の遂行すらも困難となったという内容のものがあった。また、投書者はファシストの一人と想像されるが、官僚であるモーリにかえて、ファシスト党員を知事にすべきであるという手紙もあった。

マフィアの反撃

マフィアによるモーリ攻撃の画策は、一九二六年一〇月、シカゴの「マーノ・ネーラ」がモーリ暗殺の刺客をパレルモに送り込もうとしたことからも明らかである。ただ、それを事前に察知した警察側の厳重な警備によって阻止された。ちなみに、アメリカの「マーノ・ネーラ」は、ドン・ヴィートなどを通じてシチリア・マフィアと緊密な関係をもつにいたっており、モーリの追及を逃れてアメリカに渡ったマフィアの人間を手厚くもてなしていた。その中に、一九七〇年代のアメリカの「コーザ・ノストラ」の大ボスの一人となる、当時二〇代後半のカルロ・ガンビーノもいた。

アメリカで発行されていたイタリア人移民向けの新聞には、シチリアのマフィア撲滅作戦のニュースがことこまかく掲載されている。その中には、モーリのマフィア弾圧を、ファシズムの苛烈さという点ではなく、「マフィアをまかしたファシズムのイタリア性」という観点から論評しているものがある。はからずも、イタリア外のイタリア、つまりアメリカに渡ったイタリア移民の中ではあるが、イタリア国家と相容れないシチリア主義をその論評の中に垣間《かいま》みることができる。このシチリア主義は、後述する第二次世界大戦直後のマフィアをも巻き込んだシチリア独立運動となって現れることになる。

「小ドゥチェ」から「トラホームの王」に失墜したクッコ

ローマのムッソリーニやファシスト党書記長トゥラーティに送られたモーリを誹謗する匿名の投書の張本人、あるいはニューヨークのイタリア人移民向けの新聞で展開されていた反モーリ・キャンペーンのニュースソースが判明した。その人物とは眼科医のアルフレッド・クッコであった。当時三三歳のクッコは、パヴィーア大学の講師をつとめたほどの有能な医者であったが、かれの情熱は医学ではなく、もっぱら政治に向けられていた。一八歳のころから政治活動を開始し、まず人民党、続いて自由党、農業党と日和見的に立場をかえ、一九二一年にファシスト党に加わった。

その時期のシチリアのファシズム運動は、付和雷同する学生や復員軍人から構成される少数グループでしかなかった。ファシスト党に入党したクッコは、その知性、その雄弁、その戦闘的性格によってたちまち組織の重要な指導者となる。その指導のもとに、ファシスト党はシチリアでしだいにその勢力を拡げていった。同時に、ファシスト党はクッコの私的な野心を満足させる手段ともなった。ローマ進軍後、シチリアではファシズムとクッコ主義が同義語と理解され、クッコは「小ドゥチェ」と呼ばれさえしたのである。

かれは一九二三年に国民ファシスト党の指導部に入り、大評議会のメンバーにも任命され、一九二四年の選挙で国会議員に選出された。その選挙で、かれはマフィアと手を組んだオルランドを激しく攻撃する一方で、自らも「名誉ある社会」と手を組んでいた。クッコは、シチリアでファシズム勢力の拡大をはかりながら、国会議員としてのローマにおける活動を通じて、ファリナッチ、トゥラーティなどファシスト党の最高指導者との関係を強めていた。クッコは、ファシスト党とその大衆活動の自立性を確保しようとした。またマフィア撲滅を遂行する北イタリア出身というよそ者で、官僚出身の目障りなモーリをシチリアから放逐しようと、表面的にはモーリと友好関係を保ちながら、裏で密かに画策していた。このことは、一面では、ローマにおけるファシズム内部で展開されていた国家とファシスト党の相克をシチリアで再現したものであった。

モーリにとって、自分を陥れようとしているクッコへの最も効果的な対抗策は、かれがマフィアの人間であることを明らかにすることであった。数多くの証拠から、クッコがマフィアと密接な関係をもっているばかりでなく、多額の不正な金銭がクッコに流れていることが判明した。クッコの行動は監視され、手紙は開封され、電話は盗聴され、モーリの完全な監視下に置かれた。それによって膨大な量の証拠が集められたが、それらは単にクッコの犯罪行動を裏づけただけでなく、パレルモのファシスト指導部がまさに犯罪組織を形成していることを白日のもとにさらけだした。特にクッコは、ファシスト指導者と医者という地位を利用して職権を乱用し、さまざまなところから高額の不正給付を受けていた。数年前までみすぼらしい身なりでかろうじて生計を立てていたクッコが、職権乱用や不正給付によって、いまや豪邸に住み、二台の車を乗りまわし、イギリス製の生地で作った服装をしていることまで調べあげられた。クッコが不正に給付を受けた総金額は一〇万リラにのぼった。当時、モーリのような知事の年俸が二万五〇〇〇リラ、国会議員の月給が一五〇〇リラであったことをみれば、クッコの副収入がいかに巨額であったか想像がつくであろう。こうした不正行為の他に、クッコがマフィアと癒着し、詐欺、公金横領まで働いていることも明らか[illegible]った。

[illegible]に、クッコを追い落とす決定的な証拠をモーリはつかんだ。徴兵検査を受けた[illegible]青年が、クッコが書いたトラホームという偽の診断書によって、徴兵を忌避し[illegible]ものであった。クッコは、偽診断書と引きかえに金銭を受け取っていた。こ[illegible]クッコが国家を裏切ったことにも等しく、ファシスト党指導者として許さ[illegible]とであった。このようなクッコのすべての行動がムッソリーニに直接報告さ

[illegible]年一月、ローマのファシスト党は、パレルモ支部の解散を発表した。ファ[illegible]政権を掌握してから、党の支部に対してこのような厳しい処置をとったのははじめてのことであった。それだけに、この事件はシチリアはもちろんのこと、イタリア全土に大きな衝撃を投げかけた。それに追いうちをかけるように、二月にクッコはファシスト党を追放された。「小ドゥチェ」と呼ばれたクッコは、いまや「トラホームの王」と嘲笑されるにいたった。しかし、二七件にのぼる罪状にもかかわらず、クッコは議員免責特権によって刑を免れ、その後再び勢力をもりかえし、一九二九年のモーリのパレルモ知事退任後、再びファシズムの指導者として返り咲いた。第二次

世界大戦末期の一九四三年春にはファシスト党の補佐となり、サロ共和国ではファリナッチの援助で民衆文化省次官となっている。戦後、ネオ・ファシスト党であるイタリア社会運動の創設者の一人となり、一九六七年には国会議員に選出された。最近、パレルモのひとつの広場にかれの名が冠せられたと聞いている。

マフィア撲滅の凱歌

一九二七年五月二七日、キリスト昇天祭の日に、ムッソリーニはファシズム評議会で内政に関する演説をおこなった。その中で、マフィア撲滅の成果を誇らしげに次のように語った。

一九二三年と一九二六年を比較すると、家畜窃盗件数は六九六件から一二六件へ、強盗は一二一六件から二九八件へ、ゆすりは二三八件から一二一件へ、恐喝は一六件から二件へ、殺人は六七五件から二九九件へ、器物損壊は一三二七件から八一五件へ、放火は七三九件から四六七件へと、それぞれ減少した。

ムッソリーニはモーリの腕を高々とあげ、マフィアに対する戦いが終わったことを宣言するとともに、ファシズムの権威が確立し、ファシズムに対する国民の同意を獲得するにいたったことを誇らしげに宣言した。ムッソリーニによって、モーリは「ファシストの正義の純白な炎の権化」と呼ばれ、かれの行動は「勇気をもってメスをふるった英雄的外科手術」と評された。

このムッソリーニの讃辞を後ろだてとして、モーリはマフィア根絶のために不可欠なものと考え続けていた方策に着手した。それは教育によるシチリア民衆の社会意識の向上であった。マフィアや山賊の存在を許す社会風土は、ひとえに教育の不十分性、国家意識の欠如から生まれると考えていたからである。そうした風土を否定する「新しい意識」を民衆に植えつけるために、教育を重視した。このような考えから、マフィアを英雄視し、尊敬の対象とする誤った認識を子供たちから完全に払拭しうるような教科書を作ろうとした。小学校の教師を対象に、そのような教科書のための懸賞論文を募集した。しかし、期待した論文は集まらず、結果としてモーリは挫折感をあじわうことになる。

ムッソリーニの政策転換

モーリは、その疲れを知らない執拗なマフィアの追及の中で、一人の大物にぶつかった。その人物とは第一次ムッソリーニ内閣で軍事大臣をつとめたアントニーノ・ディ・ジョルジョであった。当時、シチリア軍団の司令官であったディ・ジョルジョは、マフィアのボスであるかれの弟との関係もあり、マフィアと密接な関係をもっていた。そのことをモーリから知らされたムッソリーニは、ディ・ジョルジョにもはや弁護できないと伝える一方で、モーリに対してはこれ以上の混乱を望まない旨を述べた。結局、ディ・ジョルジョは政界から引退を余儀なくされた。かれの軍人としての経歴、政治家としての権威はクッコとくらべものにならないほど重要であっただけに、かれの引退は政界に大きな波紋を投じた。その波紋はモーリにとって否定的なものので、かれ自身の首をしめる結果となる。

逮捕を免れたクッコとその仲間も、モーリに対して密かな、しかし断固とした反撃に打って出た。行政権と司法権の混同あるいは職権の乱用といったモーリに対する攻撃が陰に陽におこなわれた。

ムッソリーニは、モーリが摘発したマフィア関連の事件を早急に決着つけさせようとしたばかりでなく、シチリアのマフィア撲滅作戦を終結させようと考え始めた。そのためには、モーリをパレルモ知事からおろすことが第一条件であった。その布石として、一九二八年一二月、モーリはマフィア撲滅の功労として上院議員に任命された。続いて六ヵ月後、三五年間勤務した知事および警察署長はその年齢に関係なく職を辞さねばならないとして、知事の即時解任がモーリにいいわたされた。時に、モーリは働きざかりの五六歳であった。

このモーリの知事解任は、その他の知事や警察署長の運命と同じで、ファシズムが採用した「衛兵交替」政策にもとづくものであったといえる。「衛兵交替」とは、国家組織の若返りをはかると同時に、ジョリッティ体制の残滓《ざんし》を一掃し、ファシズム体制を確立するという意味をもつものである。しかし、モーリの解任の背景には、それ以外の意味があったことを指摘しておかねばならない。ムッソリーニにとって、モーリはいまや予測できないスキャンダルを暴き出しかねない危険な人物となっていた。モーくわえてシチリアでモーリはあまりにも強く、あまりにも有名になりすぎていた。事実、シチリアの多くの学校で、モーリの写真が国王やムッソリーニのそれらと並んでかかげられていた。こうしたことが、ムッソリーニに不快感を与えないわけがなかった。

マフィアと本格的に対決し、本気でその撲滅に乗り出したのはムッソリーニであったが、かれはその意志を貫徹しないまま、中途でそれを放棄してしまった。その結果、モーリが手をつけようとした上級マフィアは、ファシズム政権下でもぬくぬくと生き続けたのである。モーリの知事時代、すなわち一九二五年から一九二九年までの時期のマフィアとファシズムの関係を、犯罪学者ヘスは次のように明確に指摘している。

国家は物理的強要の独占を精力的に主張し、マフィアの人間の保護機能を自分のものとし、仲裁者の機能をかれらから取り除き、統制下に置き、国家のものでない保護機能のすべてを官僚機構に組み入れ、サブカルチャー的な法的効力をもつシステムを破壊した。

深く潜行するマフィア

マテオッティ事件で生じた危機を乗り切ったファシズムは、獲得した合法性と権威によって、マフィアとの協力関係を否定した。しかし、一九三〇年から連合軍のシチリア上陸までの時期、力をもぎとられてもなお生き続けたマフィアをファシズムは無視するか、時には利用することになる。その関係は、対立の静止状況であった。モーリの激しい弾圧のもとで息をひそめて深く潜行していたマフィアは、モーリ知事が去った後、古くからの行動を再開する。

それについて、警察官であったカンディダは次のように証言している。一九三五年、カットーリカ・エラクレーアで、当時の金額で一億リラに相当する家畜窃盗、殺人、誘拐をおこなったとして二四九名のマフィアの人間が逮捕された。一九三七年、ファヴァラ、パルマ・モンテキアーロで犯罪組織が摘発され、二〇〇人近いマフィアの人間が逮捕されている。こうしたことは、マフィア撲滅の終結と、秩序の確立を宣言していたファシズムによる検閲によって公にされることはなかった。その結果、表面的にはファシズムの権威と秩序の確立によってマフィアは消滅したということになり、マフィアという言葉が公式の書類から完全に姿を消した。このことは、一九三四年にファシズムが作ったイタリア百科事典の中ではマフィアは過去に存在したが、現在は存在しないものと説明されていることからも明らかである。

しかし、現実にはファシズムの体制期においても、マフィアはそれまでと同じように自分たちの世界を形成し、その中で犯罪を繰り返していた。ムッソリーニ自身もそのことを黙認するか、あるいはマフィアを利用することすらあった。かれは、チュニスで反フランスの騒乱を起こすためにマフィアを使い、一九三九〜四〇年にイタリアが第二次世界大戦に参加する意志がないとアメリカに信じさせるためにマフィアを利用した、といわれる。

ファシズムのマフィア撲滅政策は成功したのか

この問題についての答えは、観点によって違うものとなる。ファシズムの独裁的支配によって、マフィアはそれまで果たしていた政治的機能を奪われてしまった、という点では成功したといえる。ファシズムの反マフィア政策で最も重要なことは、マフィアの撲滅であったのではなく、前述したアスカリのようなマフィア的現象をファシズムの支配システムから除去し、ファシズムの絶対的な支配権を、それまで国家的統合が遅れていたシチリアに確立することであった。その意味で、モーリの弾圧をかいくぐって生き残った上級マフィアといえども、かつて行使していた政治や経済における仲介的機能を奪われ、かれらの行動はもっぱら犯罪的なものに限定されることになった。つまり、マフィアはその政治的・経済的機能をもぎとられ、ファシズムの支配下に置かれることになった。この意味で、ファシズムの反マフィア政策は成功したといえる。

しかし、シチリアのマフィアを根絶することはファシズムの暴力的弾圧においてすらできなかった。モーリによる血の弾圧は、マフィア現象を育てた民衆意識においても、逆効果を招いた。たしかに、市民の安全あるいは市民の権利の保護という点で、反マフィア政策は世論からは好意的に受け入れられたことは事実である。だが、法律を無視した非道ともいえる弾圧の方法は、法律的にも道徳的にも非難されるべきものであった。人間としての尊厳さえも無視され、裁判にもかけられず、多くの人々が投獄された。このことは、マフィアを、罪を犯した者としてよりも犠牲者として、敗北者としてよりも結局は勝利者としてのイメージを民衆に与えてしまった。ファシズムのマフィア弾圧にみられた国家暴力は、マフィアによる暴力以上に残忍であるという印象を民衆に強く刻印したのである。その結果、ファシズムの反マフィア政策は、それによって一時的に犯罪件数の減少がみられたとしても、マフィアを根絶することはできなかった。ファシズム支配期にマフィアはしぶとく生きる知恵の多くを学び、民衆の意識に支えられてシチリアの土壌の中により深く浸透していった。それだけに、ファシズム独裁に亀裂がみえ、その終りが近づくや否や、マフィアは不死鳥のように生き返り、勢力の回復に向けて始動する。

第四章　シチリア独立運動と山賊とマフィア

1　連合軍シチリア上陸作戦への協力

ハスキー作戦

一九三五年のイタリアのエチオピア侵略を新しい移民地として支持したシチリアでは、一九四〇年に戦争に突入した時、第一次世界大戦の時とは異なり、脱走兵や徴兵忌避者は少なく、そこには戦争に対する一定の合意があった。しかし、戦況が悪化するにしたがって、特に北アフリカの沿岸に英・米軍が上陸したというニュースが伝わるや、地中海に位置するその地理的状況から将来戦場となることを恐れ、シチリアでは民衆の動揺が激しくなった。北アフリカの基地を飛び立った連合軍機による絨緞《じゅうたん》爆撃が昼となく夜となくシチリアの諸都市におこなわれた。とりわけパレルモへの空襲は激しく、多くの建物が崩壊した。一九八〇年代まで、町の中心部に残る廃墟と化した古い建物がその空襲の激しさを伝えていた。

一九四三年五月、カサブランカ会談で、ハスキー作戦と呼ばれるシチリア島占領作戦が決定した。この作戦の歴史的意味は、その最高指揮官で地中海域連合軍最高司令官をつとめるアイゼンハウアーの言葉を借りれば次のようなものであった。植民地は別として、英・米にとって、敵国領土への侵攻・占領をともなう最初の作戦であり、最初の共同作戦ということである。ちなみに連合軍のシチリア上陸は一九四四年六月のノルマンディ上陸作戦、いわゆるDデイ作戦に先立つ約一年前のことである。

一九四三年七月一〇日早朝、モントゴメリー将軍率いるイギリスの第八軍はシチリア南東のパキーノとカッジービレの間に、パットン将軍率いるアメリカの第七軍はアグリジェントの南東のリカータとジェラの地域に、アフリカ大陸から吹く熱い風シロッコにのって押しよせる雲霞《うんか》のように上陸を開始した。攻撃をかける英・米を中心とする連合軍は四五万、迎え撃つ伊・独軍は四〇万五〇〇〇で、その兵員数においてほぼ互角であった。だが、その装備においては、連合軍が圧倒的にまさっていた。連合軍の航空機は四〇〇〇機、伊・独軍は九〇〇機であった。船舶数は連合軍側が航空母艦や輸送船も含めて三〇〇〇隻《せき》であり、伊・独軍はほぼゼロに等しかった。

ここでひとつ指摘しておかねばならないことは、ガーヤによれば、パットン将軍率いる第七軍の一五％がイタリア系アメリカ人兵であったということである。このことは、後述するアメリカ海軍秘密工作員によるマフィアへの働きかけと並んで、ハスキー作戦の周到な準備をうかがわせるものである。進撃を開始したアメリカ軍は、ナチ・ファシスト軍の抵抗らしい抵抗にあうこともなく、カルタニセッタ（七月一八日）、エンナ（七月二〇日）、そして七月二二日にはパレルモに入城した。パットン将軍のいう、史上最も速い電撃戦でパレルモに到達したのである。

ムッソリーニは、連合軍の上陸を「水ぎわ」で阻止する作戦を立てていたものの、砲撃もままならない使い古しの大砲がほとんどで、イタリア軍は決定的な反撃もおこなえない状態であった。連合軍がシチリア全土を完全に制したのは八月一七日のことで、上陸より三八日目のことであった。その間の戦闘で最も激しいものは、伊・独軍がイギリス軍の進撃に必死に抵抗したカターニア平野とメッシーナの海岸地帯で、その他の地域は連合軍の凱旋《がいせん》行軍に等しいものであった。

連合軍政府とマフィア

パレルモを占領した連合軍は、占領地連合軍政府を樹立し、シチリアの司法・行政を含むすべての権限を掌握した。パレルモの中心街にあるコスタンティーニ宮殿、郵便局な

パレルモ入城のアメリカ軍

どをはじめとして多くの建物が接収され、そこに占領地連合軍政府のオフィスが置かれた。イギリス軍のレンネル・オブ・ロード少将を長とする占領地連合軍政府のシチリア支配は、翌一九四四年二月に施政権が返還されるまで約七ヵ月間続くことになる。

連合軍の上陸前、シチリアはすでに独立運動の高揚と山賊の跋扈《ばっこ》で政治的・社会的に大きな混乱をきたしていた。その二つの現象の間に介在して暗躍することになるのが、ファシズムの弾圧に耐えて生き延びていたマフィアである。マフィアが戦後公然と姿を現しえたのには、それなりの十分な理由があった。

ハスキー作戦の一環として、連合軍は一九四三年初頭から、その作戦をスムーズに展開するために、アルジェリアなどからシチリアに秘密工作員を送り込み、マフィアと接触をとらせた。当時、イギリス軍の秘密工作員として働いていたマックスウェルは次のような内容の記録を残している。

ナチ・ファシズム支配下にあったシチリアに密かに潜入し、マフィアの勢力の強いカステラマーレ・デル・ゴルフォの弁護士マッタレーラ、シチリアのマフィアの重要拠点であるモンレアーレの大司教フィリッピに指名されたマフィアの人間とコンタクトをとった。

ただ、このマックスウェルの証言は、戦後になってマッタレーラとフィリッピに対する名誉毀損として、ミラノの裁判所で有罪を宣告された。しかし、たとえ裁判所がマックスウェルの証言を否定したとしても、マフィアと連合軍秘密工作員の接触を否定することにはならない。

ディ・マッテーオは、この点について次のように述べている。「一九四三年七月以前、マフィアは、アルジェリアを出発した飛行機からシチリアに落下傘で降下した連合軍兵をシチリア独立運動が形成されつつあった地域に案内した。連合軍の秘密工作員と接触したマフィアは、ナチ・ファシズム側の情報を与えただけでなく、連合軍の上陸、そしてシチリア制圧後に樹立される支配体制に対する協力も保証した」。

ラッキー・ルチアーノ伝説

ラッキー・ルチアーノ

連合軍のシチリア上陸に際して、いまや伝説化されたイタリア系アメリカ人ルチアーノの活躍がある。ルチアーノ伝説は、映画化されたこともあり、いまでは厳然たる「史実」として広く知られている。

シチリア・マフィアと「コーザ・ノストラ」、つまりアメリカ・マフィアがそれぞれの相手を確認する手段として色のついたハンカチを交換した例は過去にもあったという。黒いL字が書かれた黄色いハンカチがアメリカ軍を通じて「コーザ・ノストラ」からシチリア・マフィアの大ボスであるドン・カーロに渡った。ドン・カーロはその証拠の品をもって、「コーザ・ノストラ」の使者であり、「友人」となったアメリカ軍に援助・協力したのである。

ハンカチに書かれたLという字は何を意味し

たのか。それは本名サルヴァトーレ・ルカニア、通称ラッキー・ルチアーノの頭文字のLであった。パレルモ県の小村レルカーラ・フリッディに生まれ、アメリカに移民として渡り、暗黒街のボスとなった男である。だが、一九四三年当時、強制売春の罪で三〇年から五〇年の刑に服していた。そのかれに、シチリア侵攻の数ヵ月前に、アメリカ海軍情報部が十数回にわたって接触した。かれらは「コーザ・ノストラ」のボスでシチリア・マフィアとも接触をもつルチアーノの名前と地位を利用して、アメリカ軍秘密工作員のシチリア潜入と連合軍のシチリア上陸を容易にしようと考えた。キファーヴァーの『アメリカの犯罪』の中でも、ルチアーノがシチリア上陸に関連して海軍情報部に与えた貴重な奉仕について触れられている。ルチアーノはアメリカ軍秘密工作員の活動の障害を取り除くために、シチリア・マフィアがもつ広範な人的関係を役立てた。キファーヴァーは次のことも指摘している。国家に尽くした功労として、アメリカ軍当局は、あらかじめシチリア上陸作戦の手はずを整えさせるためにシチリアに行かせるという方法で、口頭でルチアーノの釈放を命令した。

だが、この点に関しては諸説が入りみだれている。アメリカ軍のシチリア占領期にルチアーノがシチリアにいたとか、ドン・カーロを連れ出すためにヴィッラルバに到着した戦車の中にルチアーノがいたとか。たしかなことは、一九四六年、はっきりとした理由が明らかにされないまま、ルチアーノは釈放され、国外追放となり、イタリアに戻ったということである。そして、ドン・カーロとの最初の出会いは同じく一九四六年、パレルモのホテルのとなりあった部屋に泊まった時である。

しかし、連合軍のシチリア上陸に際して成立したとされるアメリカ軍とルチアーノとドン・カーロの協力関係はアメリカ政府が公開した当時の公的文書の中にみつけることはほとんど不可能である。だが、アメリカ議会の上院犯罪調査委員会におけるキファーヴァーの証言、あるいはイタリアの反マフィア委員会における調査報告は、その協力関係が疑う余地のないものであることを示している。

反マフィア委員会のカルラーロは次のように述べている。

ドン・カーロ

> 確実となった段階で、マフィアはかつてシチリア社会で行使していた社会的・政治的機能を再びとりもどしたというより、「煌々《こうこう》とした復活」を果たした。
>
> シチリア占領前後に、連合軍の行動は、シチリア島のマフィア活動の再開に最も重要な要因を作り出した。連合軍の行動は少なくとも部分的にマフィア

に力を再び与えるのに寄与した。封土の武装監視団という機能に新しい活力を与えてマフィアを復活させ、数年間にわたってシチリア島の平和な郷土を血に染めることになるマフィアと山賊の横行の結合の前提を作り出す役割を果たした。

アメリカ軍とドン・カーロとの出会い

ドン・カーロと同じくヴィッラルバ出身のマフィア研究者で、身の危険をかえりみずマフィア批判を続けるパンタレオーネは、かれのデビュー作ともいえる『マフィアと政治』の中で、アメリカ軍とルチアーノとドン・カーロの関係をドラマティックに紹介した。このエピソードが多くのマフィアに関する書物の中で冒険サスペンス風に紹介され、映画化された。その「史実」は、パンタレオーネの記述を要約すると次のようなものである。

連合軍のシチリア上陸から四日後、つまり一九四三年七月一四日の朝のことである。島のほぼ中心部に位置するヴィッラルバの町に一機のアメリカ軍戦闘機が飛来し、町の上を超低空で旋回した。カルタニセッタ県に属するヴィッラルバは、封建貴族の農場の周りに発展し、その当時シチリアのすべてのマフィアから認められた「ボスの中のボス」であるヴィッツィーニ、通称ドン・カーロの住む町であった。いわばシチリアのマフィアの司令部であった。

その町の家の屋根に接触するのではないかと思われるほど超低空で旋回したアメリカ軍戦闘機を、町民は恐怖よりも物珍しくながめた。奇妙なことに、操縦席の脇腹の両側に、ちょうど旗のように、中央に黒地で大きくLと書かれた黄色の布がはためいていたからである。ドン・カーロの兄弟で町の主任司祭ジョヴァンニ・ヴィッツィーニの家の上空にさしかかった時、ナイロンの袋が投げ落とされた。その中には、戦闘機の脇腹にはためいていた布地と同じくLの字が書かれた小さなハンカチが一枚はいっていた。それはイタリア軍兵士によってひろわれ、警察に届けられた。

その翌日、ふたたび同じくL字模様の布地をつけた飛行機が飛来して、今度はドン・カーロの家の前の道に袋を落とした。「ズウ・カーロ」と書かれたその袋を召使いは主人に渡した。その召使いの証言によれば、袋の中にはL字が書かれた黄

映画「口に石」でLの字のハンカチを示すシーン

色い絹のハンカチが入っていた。

その夜、二人の若い使者が、ドン・カーロの手紙をたずさえて、隣町のムッスメーリのマフィアのボスであるジュゼッペ・ジェンコ・ルッソのところへ馬で向かった。もし途中でナチ・ファシスト軍に捕らえられるようなことになったら、手紙は呑みこむように命じられていた。その手紙は、マフィア独特の言葉で次のようなことが簡単に記されていた。

七月二〇日、トゥーリというペッツォ・ダ・ノヴァンタ（軍事用語で九〇口径砲）、つまりマフィアのボスがチェルダまでアメリカ軍の自動車師団に同行する。私は、同日、アメリカ軍の本隊、戦車隊、司令官とともに出発する。その間に、マフィアの仲間が、アメリカ軍のために避難所などを準備する。

七月二〇日の正午近く、二人の軍人と一人の民間人を乗せた一台のジープが、連合軍占領地から五〇キロ離れたヴィッラルバに向かって全速力で走っていた。そのジープには、L字の書かれた黄色の布がはためいていた。ところが、そのジープは道をまちがえて、イタリア軍偵察隊によって攻撃を受け、乗っていた一人の軍人が銃弾を受けて道路にころげ落ちた。ジープはそのまま出発点に戻った。ジープからころげ落ちて死んだアメリカ軍兵の革のカバンの中には、ドン・カーロ宛のナイロンの袋が入っていた。

同じ日の午後、三台のアメリカ軍の戦車がヴィッラルバの入口近くまで、ガチャガチャとカタピラの音を立てて接近した。その一台の戦車の砲塔にすでに見慣れた黒いL字の入った黄色の旗が掲げられていた。その戦車の中から一人の将校が出てきて、シチリア方言で、集まってきた人々に、カロジェロ・ヴィッツィーニを呼ぶようにいった。

ヴィッラルバ

ドン・カーロは、大きな腹にズボン吊りをして、腕に上着を持ち、口には葉巻をくわえ、大きな鼈甲《べっこう》ぶちのめがね、目まで深くかぶった帽子という姿で、太った身体の重さでいかにも億劫《おっくう》そうにゆっくりとした足取りで、戦車に向かって歩いていった。ひとこともいわずに、ポケットから黄色いハンカチをとり出したドン・カーロは、それをアメリカ軍将校に示し、アメリカから戻って間もない甥のダミアーノ・ルミーアと戦車に乗った。戦車で出発する前にムッスメーリに行った使者を呼び、再度ムッスメーリに行きヴィッラルバのことをジエンコ・ルッソに報告するように命じた。

ムッスメーリはマドニーエ山系とカッマラータ山の間に位置し、その山形を利用したナチ・ファシスト軍の防衛のかなめであった。町には高射砲旅団、対戦車部隊などが駐屯していた。その防衛軍を指揮していたのは、イタリア軍の貧弱な勢力では防衛は不可能であると判断してはいたものの、義務に忠実な年老いたサーレミ大佐であった。

七月二一日の朝、そのサーレミ大佐の部隊の三分の二の兵が点呼に出席せず、脱走したことが判明した。夜中にマフィアの人間がやって来て、無駄な流血をさけ、持ち場を放棄するように兵士を説得したことによるものであった。自発的に武器を捨てた兵士には、マフィアから家族のもとに戻るために平服が与えられた。

アメリカ軍の進軍の前に横たわる障害は、マフィアの活動によってきわめて手際よく取り除かれた。マフィアの援助がなくともアメリカ軍が容易に進撃をおこなえたことは明らかであるが、その協力・援助を得ることによってシチリア解放の時間が短縮され、無駄な流血が少なくてすんだことだけはたしかである。

ドン・カーロがヴィッラルバを離れていた六日間に、アメリカ軍はチェルダに到着した。かれはアメリカ軍の車で二人の将校につきそわれてヴィッラルバに戻った。かれは自分の任務はチェルダで終わったと考えた。

連合軍によるマフィアの地方政治への登用

ドン・カーロはシチリアのマフィアの中で押しも押されもせぬ大ボスであった。だが、その名誉ある地位に実質的な力が当時まだともなっていなかった。チェルダは、カルタニセッタ県を中心とするドン・カーロが支配権をもつ「封土のマフィア」の境界地であった。そこから西はカーカモの凶暴で攻撃的なマフィアが支配する粉ひき場やパスタ製造所に根を張る地域、さらに西はマフィアが菜園や果樹園を絶対的に支配する地域で、ドン・カーロの十分な支配下権を確立していなかった。

そこでドン・カーロは、名実ともにシチリアの「名誉ある社会」のドンとなるために、つまり自分の支配地域だけでなく他の地域でも同意を獲得するために、かれ自身がヴィッラルバの町長となり、ジェンコ・ルッソをムッスメーリの町長、自分の配下をその他の町・村長にした。この措置は、まずドン・カーロが信任厚いマフィアの人間を連合軍政府に推薦し、それを連合軍政府が町・村長に任命するというものであった。連合軍の仲介によるマフィアと地方政治の結合によって、政治権力と社会構造の中間的機能を果たしていたかつてのマフィアは、農村地帯の行政に直接関与することとなった。

占領地連合軍政府も、ファシズム体制下でのマフィア撲滅作戦で要職を追われ、刑務所に送られた者を反ファシズムという基準で町・村長に任命し、ファシズムを一掃し占領地の支配を容易にしようと考えた。ただ、連合軍政府はパレルモ知事に、マフィアを激しく攻撃していた弁護士ムッソットをはじめとして、反マフィア人間も要職につけたことを忘れてはならない。また、マフィアの影響力の弱いアグリジェントにおいては社会党員が知事に任命されていた。この時期の極度の経済混乱の中で、農村地帯では物々交換が一般的におこなわれていた。その機能を果たしうるのは、農村地帯で実質的権力を有するマフィアしかいなかった。この点も、占領地連合軍政府がマフィアを町・村長に任命した理由として見落とすことができない。マフィアの人間もまた、かつてはファシズム支持を表明していたにもかかわらず、風の流れを敏感に感じとるその本来の才能を生かして、何の抵抗もなく転向を表明した。それを典型的に示すのが、ドン・カーロの言葉である。

もう（ファシズムは）たくさんだ。ファシズムは特別法でシチリアの名誉を傷つけた。われわれは犯罪者のコロニーとみなされた。いまやシチリアはアメリカ人に地中海の真珠とみなされねばならない。

政治との公然たる再結合

第二次世界大戦後にマフィアが公的権力へ進出し、マフィアと政治の関係が深まったのは、連合軍統治期に原型がつくられ、一九四四年二月の民政移管後においても、その関係はシチリアの政治で機能し続けることになる。さらにいえば、第二次世界大戦直後に、シチリア・マフィアは単に地方レヴェル、あるいはイタリア国内のレヴェルだけでなく、国際的なレヴェルにおいて活動することになる前提を作り出したのである。このことは、歴史家のロマーノが指摘するように、「（アメリカの）ギャングスター、アメリカの秘密情報員、シチリア・マフィアの本当のあるいは推測される結託が、マフィア・グループの短期間での再建と発展を助けることになった」。

ドン・カーロが指名したマフィアの人間の多くを町・村長に任命したことにもみられる占領軍とマフィアの推測される緊密な関係によって、占領地連合軍政府でさえ不安を覚えるほどにマフィアはその勢力を短期間のうちに回復し、同時にその活動の質を変えることになった。それは、マフィアが周辺的存在から国内で危惧される現象へと変化した一八六〇年以後に生じたものと、その重要性において匹敵しうる変質であった。一九四三年に、マフィアはその名前は保持していたが、マフィアの歴史からみればそれ以前の局面とは明らかに異なる特徴を示す新しい局面にはいっていった。それは、活動の場の広がりとそれにともなう質の変化でもあった。

その質の変化で最も重要なことは、マフィアと政治との関係である。ファシズムの登場以前、マフィアは地方レヴェルの政治に隠然たる勢力をもち、国政選挙においては絶対の集票力を発揮していた。しかし、マフィアは決して政治の表面に現れなかった。ところが連合軍のシチリア上陸前後から、一変して、いうならば積極的かつ直接的に政治との結合を求めるようになった。

2　シチリア独立運動

「シチリア民族」という意識

第二次世界大戦末期に、本土からの分離と独立を掲げるとシチリア独立運動が活動を開始した。シチリアの独立という要求は決して新しいものではなく、長い歴史をもっていた。リソルジメント期にあっては一八二〇年、一八四八年のシチリアの革命の要因のひとつが、ナポリのブルボン王朝からの独立であった。一八六〇年のガリバルディによるシチリア征服にあっては、それに参加したシチリア民衆の中にシチリアの独立政府あるいは自治という要求がみられた。長い歴史の中でも「シチリア民族」という意識は消えることなく生き続け、統一から五年後の一八六六年に起こったパレルモの民衆反乱の中では、統一国家の中央集権的政策に反発する方向でシチリアの独立と要求がみられた。また、前述したノタルバルトロ殺人事件の容疑者として逮捕されたパリッツォーロの釈放を要求する「プロ・シチリア」も、シチリア主義のまぎれもない表明であった。

このシチリアの歴史的な「民族」意識は、過去に数多くの他民族の支配の下でしぶとくかつ頑固に、まさにロバのように生き抜いてきたシチリア人魂の表現でもあった。ファシズム体制の崩壊の兆しがみえはじめたとき、その支配の弛緩の間隙をぬうように自然発生的にシチリア独立の感情が民衆の中に目をさました。

一九四一年末から一九四二年初頭にかけて、シチリア独立を主張する二つのパンフレットがシチリアの町々に出まわった。ひとつは仮名マリオ・トゥーリの『シチリア人にシチリアを』であり、もうひとつはルーチオ・タスカの『大土地所有制讃辞』である。

前者の著者は本名をアントーニオ・カネーパという、カターニア大学の政治理論の講師であった。かれは、ムッソリーニの執務室のあるローマのヴェネツィア宮殿の一室の爆破を計画したり、対外的に反ファシズムの立場を象徴的に宣伝する目的から二四時間のサン・マリーノ共和国の占拠をもくろんだりして、一時期投獄されていた。ムッソリーニと親交のあるかれの親戚のとりなしで、精神障害者として病院に移された。その間、ファシズムの思想・組織に関する論文を書き、それがファシズムに認められ、大学講師のポストが与えられた。その後もファシズム支持の論文を書き、擬装転向をおこなう一方で、共産党の地下組織に加わり、イギリスの秘密情報員とも接触をもった。また、かれは、カターニアの反ファシズムのグループとともにナチ・ファシストの軍事施設工事のサボタージュを指導したり、フィレンツェに出向き、反ファシズムの「労働者党」を結成した。

カネーパは、ファシズム支持の論文を書く一方で、『シチリア人にシチリアを』と題するパンフレットを著した。その中で、イタリアの自由主義国家のみならずファシズム国家もまたシチリアに害をもたらす以外のなにものでもなかったと激しく主張した。カネーパの主張は、反統一イタリアと反ファシズムの二つの要点から成り立っていた。リソルジメントによってシチリアの問題は未解決のまま残され、サヴォイア王家と自由主義国家、続いてサヴォイア王家とファシズム国家の中央集権化政策によってシチリアはさまざまな面で多くの損害を受けた、というものである。

ルーチオ・タスカは、パレルモ市長であるとともに、シチリアの伝統的農業世界を代表する人物であり、つとにマフィアと親しい関係にあることで有名であった。かれは大土地所有者、独立運動の指導者、マフィア的人間という三つの顔をもっていた。かれは『大土地所有制讃辞』の中で、シチリアの経済・社会構造の中核をなす大土地所有制こそがシチリア発展のかなめであると主張し、イタリア本土とシチリアの分離についても、きわめて漠然とではあるが主張を展開した。タスカは、一九二三年以後、たしかにムッソリーニの政策を積極的に支持し、ファシストとして活発に行動をおこなった。しかし、『大土地所有制讃辞』を書いた一九四二年ごろから反ファシズムの立場をとるにいたった。タスカは、歴史家のクワッツァが「第三の反ファシズム」として分離したところの一九二〇年代を通じてファシズムを支持し、一九四三年になるとそれを見捨てる人々の中に入れることができよう。ただ、タスカがファシズムを見限ったのは、その「第三の反ファシズム」としてはいくぶん早い時期であったといえる。

シチリアの反ファシズム組織のひとつに、一九四〇～四一年の冬にかけて結成された独立の傾向をもつ秘密組織「シチリアと自由」がある。この組織には、大土地所有者、ファシズム以前に国会議員をつとめた者、知識人などが加わっていた。シチリア独立運動は、この反ファシズム組織「シチリアと自由」を巻き込みながら運動を開始した。

フィノッキアーロ・アプリーレの指導

連合軍のシチリア上陸前に、反ファシズム運動でもあるシチリア独立運動を大きく前進させた理由のひとつに、この運動へのアンドレーア・フィノッキアーロ・アプリーレの参加があったことがあげられる。一九四二年初頭、かれはローマからシチリアに戻り、反ファシズム勢力と接触をとり、「シチリアと自由」の議長となり、シチリアは「地中海のスイス」にならねばならない、と訴えた。加えて、ヴァチカンを通じてチャーチル、ルーズヴェルトとも接触をとっていることを明らかにした。その時から、反ファシズム運動としてのシチリア独立運動は水面下ではあるが大きく動きはじめた。

フィノッキアーロ・アプリーレはパレルモの名門の出であった。父親カミッロはジョリッティ、ペルー、フォルティスの各内閣で大臣をつとめていた。アンドレーアは、一九一三年に国会議員に選出され、第一次ニッティ内閣で軍事大臣次官をつとめた人物である。

シチリア独立運動は、シチリア東部ではクネーパという指導者をもつことによって組織化され、西部ではフィノッキアーロ・アプリーレの登場によって、シチリア全土をおおう大きなうねりとなって動きはじめた。

フィノッキアーロ・アプリーレ

シチリア独立運動の政治プログラム

連合軍のシチリア上陸前日、七月九日、ローマからパレルモに戻ったフィノッキアーロ・アプリーレは、シチリア独立委員会を設立し、委員会宣言を発表した。その中で明らかにされた独立運動の主張は、歴史家マッシモ・ガンチの要約によれば次のようなものであった。

一　シチリア人はカラブリア人、ルカニア人、サルデーニャ人とともに、人種的に独自の起源をなす。
二　シチリアの後進性は、イタリア王国の樹立に起因する植民的搾取によるものである。
三　シチリアは、その商業収益のバランスの持続的好況に示されるように、潜在的に地中海の最も裕福な土地である。
四　サヴォイア王家は失墜した。
五　シチリアは、広範な社会的内容をもつ、ひとつの独立した共和国であらねばならない。
六　シチリアに対するイギリスのいかなる保護権をも認めない。ただ、地中海におけるイギリスの軍事的利権、地中海問題におけるアメリカの新たな任務は承認する。
七　シチリア共和国は、政治体制が同じである限りにおいて、独立国家としての特徴を失うことなく、他のイタリアの国と連邦を形成しうる。共産主義国家との連邦や教皇を大統領とする〝ジョベルティ型〟の連邦を拒否する。

八　イタリア連邦への参加は、場合によってはありうる、より広範囲のヨーロッパ連合への参加を否定するものではない。

九　最終的な政治的体制が決定するまで、シチリアはファシズム前のイタリア議会に加わった、シチリア出身の元議員数十名からなる臨時会議によって統治される。

一〇　解放シチリアは、固有の義勇兵部隊をもって反ファシズム戦争に参加する。

一一　新しい国家の経済プログラムは、次の二点を中心とする。

a　工業化

b　国家の助成する農民協同にもとづく農業改革

この声明は、政治的には共和制によるシチリア独立、共和制によるイタリア連邦、さらにはヨーロッパ連合の想定と、きわめて斬新な要求を掲げており、さらには戦後におこなわれる農地改革をも視野に入れている先見性のあるものであった。同時に、冷戦体制を見越して、共産主義体制への拒否も示している。しかし、この運動を構成する指導者の中に、共産主義者のカネーパ、共産主義勢力との連合を拒否するフィノッキアーロ・アプリーレ、大土地所有制をシチリア発展の軸と考えるタスカを抱えていたように、対立する要素の共存が、シチリア独立運動の誕生時からもっていた限界であった。

ただ、独立運動は、そうした限界をかかえながらも、占領地連合軍政府の統治期、つまり一九四三年から一九四四年にかけて急激な盛上りをみせる。その理由として、三つの要因が考えられる。

一つは、連合軍がシチリア上陸以前からシチリア独立運動の中に反ファシズム勢力を見出し、それを支持し、暗黙の援助を与えることでイタリア解放を容易にしようと考え、同時に左翼勢力を封じ込めようとしたことである。

独立運動の街頭行進

二つには、戦争末期から戦後にかけての食糧不足をはじめとする社会・経済の極度の混乱の中で、一九世紀後半のイタリア統一後から鬱積していたシチリアのイタリアに対するさまざまな不満を解決するという希望を、シチリア独立運動が民衆に与えたこと。

三つには、連合軍占領政府の時期にあって、シチリア独立運動が民衆を指導・組織しうる唯一の政治勢力であったこと。このことは、連合軍の上層部がシチリア独立運動の指導者とひんぱんに会合し、かれらを相談相手としていることからもわかる。裏をかえせば、当時シチリアには独立運動以外の勢力は存在せず、もしくは存在したとしてもシチリア独立運動にかわる明確な政治目標を民衆に提示できる状況になかった。

シチリア独立運動とマフィア

シチリア独立運動はフィノッキアーロ・アプリーレという卓越したカリスマ的指導者をもっていたが、中間的な、いわゆる実務的な政治指導者を欠いていた。その空白部分を埋めるために、シチリア独立運動はファシズム体制を支えた中間階層をそっくり吸収した。その過程で、連合軍によって地方政治のポストに登用され、政治で直接的機能を果たすようになったマフィアが、その独立運動に合流することになる。シチリア独立運動の指導者がマフィア勢力を抱き込むという戦術をとった背景には、補給路の安全確保や住民の支配操作という観点から市・町・村長にマフィアの人間を任命した連合軍占領政府の協力と支持を得るという計算もあったと考えられる。

マフィアの側からいえば、連合軍から地方政治をまかされたものの、かれらにはその経験も準備もなかった。マフィアは、政治に直接くわわるための一種のイデオロギー的基盤と、民衆を政治的に動かすためのいうなれば錦の御旗を必要としていた。マフィアはイデオロギー的基盤をシチリア独立主義に、錦の御旗を黄色と赤地にシチリアのシンボルである人間の顔に三本の足が生えたトリナクリアを配するシチリア独立運動の旗に見出したのである。マフィアの人間が、独立運動という政治の表舞台に登場するには、もちろん前述した連合軍占領政府の後押しがあったことも重要な要因である。

このように、独立運動の指導者もマフィアの人間も、それぞれが自分たちの必要性から互いにすり寄ることによって、その結合が可能となった。もちろん、マフィアの人間あるいはマフィアと深くかかわる地主や貴族が当初から独立運動に加わっていたように、そうした人間の影響力がマフィアを独立運動に引きつけることになったことも忘れてはならない。シチリア独立運動のダイナミックな展開をマフィアとの関連を無視して考えることはできないが、マフィアの勢力が存在しない東部シチリアのカターニアなどでも、独立を要求する民衆の騒乱が起こっていることも指摘しておかねばならない。

マフィアとシチリア独立運動の結合において、マフィアが緊密な関係を結んだのは、農地の解放を要求する農民大衆でも、社会主義思想にもとづいて社会変革をおこなおうとする勢力でもなかった。マフィアが連帯を求め関係を結んだのは、シチリアの社会・経済の変革を求めず、それまで享受してきた特権的地位の存続を望む階層であった。その意味では、ファシズム以前にみられた大土地所有者を中心とする「黄色い手袋」と呼ばれる階層とマフィアの関係の再現にほかならなかった。だが、シチリア独立運動とマフィアの結合と、かつてみられた支配者階層との関係の間には明らかな相違点が存在する。それは、かつてはマフィアの立場が限定された従属的なものであったのに対して、独立運動との関係では、社会政治勢力としてのマフィアの自立性が暗黙のうちに認められていたということである。

マフィアは自らの意志においてシチリア独立運動の最高会議に出席し、運動の重要な戦略戦術について発言し、政治活動に直接的に参加する状況が生まれた。こうしたことは、ファシズム前にみられなかったことで、マフィアのひとつの重要な質的変化といわねばならない。マフィアの歴史をみる時、国家の中でその自立性がたとえ暗黙であったにせよ認められたのはこの時がはじめてであった。このことは、とりわけ戦後の支配政党であるキリスト教民主党との結合において、その後のマフィアの変質と発展を特徴づけることになる。

シチリア独立運動とマフィアのかなめとしてのドン・カーロ

シチリア・マフィアのボス、ドン・カーロは、一九四三年末にカターニアで開かれた独立運動の秘密会議に、カルタニセッタ県代表という資格で出席した。これに対して左派に属するカターニアのグループから、ドン・カーロの資格に対する異議が出された。それに対するドン・カーロの、労働評議会を焼き打ちさせることができるという威嚇の言葉で、会議は大混乱となった。結局、パレルモの代表であるタスカのとりなしでその場はおさまり、ドン・カーロは運動にとどまることになった。マフィアと左派勢力との対立は妥協の余地のないもので、その後、左派勢力は多くの血を流すことになる。独立運動とマフィアを結ぶかなめとなったドン・カーロは、その後も独立運動の重要な会議にかならず出席し、具体的な発言はしないにもかかわらずその展開に強い影響を与える。後述する独立運動に山賊団を組み入れることを決定した会議がその例である。

独立運動は、シチリアのシンボルであるトリナクリアを表す三本の脚を三本の指で示しながらおこなう街頭キャンペーンや政治集会に活動の中心を置いた。一九四四年八月、フィノッキアーロ・アプリーレは、アグリジェント、カルタニセッタ両県を遊説してまわり、最後にマフィアの本拠地であるヴィッラルバに乗り込んだ。かれは煽動的な演説の中で、古代ローマ時代にシチリアは豊かで肥沃な穀倉地帯であったと述べ、北イタリアの搾取者の代表を追放した時にかつての繁栄した状態に復帰できるだろうとその演説を結んだ。この演説は実現の可能性のない空疎な内容であったけれども、民衆を煽動する上ではきわめて効果的であり、割れるような賛同の拍手を受けた。

また、独立運動の運動員は、シチリアをアメリカの四九番目の州にする願いをこめたバッジを、ドン・カーロを含む全聴衆に配付した。戦後のシチリアの独立運動とリソルジメント期の独立・自治の要求との間に見出せる相違点のひとつは、かつてのそれがイギリスの存在に影響を受けていたのに対して、戦後の独立運動はアメリカの存在に規定される部分が大きかったということである。シチリアをアメリカの四九番目の州にするという主張は、明らかにシチリアの独立と矛盾するものであったが、運動の過程でたえず主張され、シチリアの民衆にアピールするものがあった。しかし、独立運動自体が実現性のとぼしいものであったと同様に、アメリカの一州になるという主張も夢想に等しいものであった。ちなみに、ラ・ロッジアが、高揚するシチリア独立運動の対案としてシチリアの自治を提示したのは、一九四三年一〇月のことである。その時から、シチリアの政治制度に関する議論は独立か自治かという二者択一という枠組の中で展開することになる。

過疎化したヴィッラルバ

前述したフィノッキアーロ・アプリーレの演説から約二週間後、九月一六日、ヴィッラルバの広場で、左派勢力とマフィアの対立を象徴する事件が起こった。パンタレオーネの『マフィアと政治』の序文で、カルロ・レーヴィは事件の起こったヴィッラルバの広場の印象的な情景描写をしている。

ヴィッラルバはパレルモ、アグリジェント、カルタニセッタ三県の境に位置し、地理的にその三つからなる大きな三角形の中心にある。封土からなるその領土は、三県のそれぞれの境の交わるところまで伸びたセイヨウキヅタの葉の形をしている。ヴィッラルバは小さな山の急勾配のところにある。農民の貧しい家が密集する町を一三の直線の坂道が通り、その道に六つの平行した横道が走っている。石だらけの、季節によって砂埃が立ち、ぬかるみになる道は、居住地の周辺の小さな悲惨な家々のある平地に近づくほど埃だらけになる。それに太陽があらあらしく照りつけている。家々は屋根が低く、一部屋しかない。明かりは入口から差し込む光だけである。狭くるしい家の中に、南部の村々の古くから続く飢えと窮乏をみてとれる。土間、貧弱な家財道具、子供、大人、動物が一緒くたになって寝るベッド、たきぎさえもなく、野菜スープの鍋の下で燃やす敷わらの目にしみる煙。

私がみた時、道には子供、動物、男たち、黒い目、無言があふれていた。その時、ひとつの空間が広がったように思えた。それは、新しい家が建てられたからではなく、ヴィッラルバでは住民が数年のうちに半減し、急速に過疎となったからである。南部のほとんどの村で再び始まった移民は、その数をますます増加させ、ここヴィッラルバで非常に高い数字を示していた。古くからの飢え、仕事がないこと、封土のさまざまな問題の悪化、マフィアの重圧から逃れるように、農民は北部に向けて旅立った。そこで畑仕事をしたり、川の砂を掘ったりしながら生活を続け、一旗あげようとした。

ヴィッラルバは、少なくとも移民による過疎化の象徴的な中心地であったし、いまもなおそうである。封建的な状態の農民の、農民による土地をめぐる闘争の中心地である。古い封土のマフィアの中心地である。

ヴィッラルバはドン・カーロの生誕地であり、かれの王国であった。かれは長年にわたって、死ぬまで、まさしく地理的、歴史的、社会的要因によって封土から成るひとつの小さな町の中に中心地をもつ、シチリア・マフィアの実際的な長、最も重要な人物とみなされた。

一三の道あるいは壊れかかった小道の真ん中の貧しい家々が寄り集まった中にある小さな薄暗い場所に隠れようとでもするように、最も大きな権力の心臓部である広場があり、そこは坂道から成る町の中で唯一平地のところである。

広場とはいえ、長さが約三〇メートル、幅が約一五メートルの小広場である。その名をマドリーチェ広場という。聖母教会が長方形をした広場の奥にあり、その両側に屋外に椅子を出した二軒のバール（コーヒー店）がある。この広場の周りにキリスト教民主党支部、ドン・カーロの自宅、シチリア銀行、カラビニエーレの詰所がある。政治、経済、宗教、社会生活、マフィアのすべてがこの広場の周りに集中している。

この広場は、民衆、王、圧政者、殺人者、聖歌隊、奴隷、神々といった主役たちが、夜明けから深夜まで演ずる悲劇の舞台のようなものであった。考えうるすべての出来事は、日常生活の一刻一刻、行動、表象の中に飲み尽くされてしまう。しかし、時に突然の嵐が襲うように事件が起こる。

ヴィッラルバ事件

一九四四年九月一六日、土地と自由を要求する農民運動の始まりにおいて重要なモメントを印す有名なヴィッラルバ事件が、この広場で起こった。それまで、マフィア権力の心臓部である治外法権のこの広場に、マフィアを批判する人間は誰も足を踏み入れることができなかった。その日、カルタニセッタの鉱夫の小グループをともなった三人の人間が演説のためにやってきて、シチリア銀行の前に小さな机を置いた。その人物とは、ジーノ・カルダモーネ、ミケーレ・パンタレオーネ、ジロラモ・リ・カウジであった。

ドン・カーロは土地、封土、マフィアの問題に触れず、一人の農民も演説を聞きに広場に入れないという条件で、演説を許した。壁に寄りかかるマフィア、あるいはドン・カーロの甥を中心にキリスト教民主党支部の前に集まったマフィアによって、広場は占められた。ドン・カーロは広場の真ん中で手にステッキをもって立っていた。農民たちは広場の外の離れた道にいるか、あるいは家の窓から広場の光景をながめていた。

歴史を教える大学教授であるカルダモーネが、最初にまず中世のコムーネの自由について語った。ドン・カーロは満足して聞いていた。次にヴィッラルバ出身のパンタレオーネが演壇に立った。ドン・カーロにとって、広場にパンタレオーネが存在すること自体が無礼なことであった。パンタレオーネは数日前に同じ場所で演説をおこなったフィノッキアーロ・アプリーレを批判し、農民大衆の決起を訴え、その日のメインの演説者であるリ・カウジを紹介した。

一九四四年八月、シチリア独立運動、そしてそれと手を組んだマフィアに対抗して農民運動を組織するために共産党の代表がシチリアにやってきた。北イタリアでのレジスタンス闘争でファシズムと戦った経験をもつ、シチリア出身者でもあるリ・カウジであった。シチリア人として民衆の言葉で、農民の搾取者であるガベロットの寄生的機能について語りかけるや、その言葉は、脅えながら隠れて聞いていた民衆に、広場への立入り禁止の命令を破らせるに十分なインパクトを与えた。その演説の声を打ち消すように、ドン・カーロの兄弟が司祭をつとめる聖母教会の鐘が長く打ちならされた。広場の中央にいたドン・カーロは「うそだ!」と叫んだ。その叫びを合図のように、たむろしていたマフィアの一団が一斉に銃を発砲した。一四名が負傷した。リ・カウジもひざに銃弾を浴びた。パンタレオーネは、銃弾が壁に当たり粉が舞う中を、負傷したリ・カウジを肩にのせてシチリア銀行の裏にはこんだ。そしてピストルを取り出し、空に向けて五発撃った。この時からいわば公然と、大土地所有者とマフィアの勢力と、農地解放を要求する共産党・社会党の左派勢力の抜きさしならない戦いが始まる。

ちなみに共産党は国民解放委員会の方針に従ってシチリアの独立に反対を表明し、シチリア問題の解決方法として自治を提示した。共和主義の行動党も、独立運動の中に大土地所有者の利権保持という立場を見出し、独立運動自体がマフィアの政治的表現であると批判した。さらに、人民党の伝統を受け継ぐキリスト教民主党も統一の立場をとり、独立主義者の中の社会主義的存在を恐れ、その部分を孤立化させ、右派の大土地所有者階層を抱き込む戦術をとった。それは、農業政策に変更のないことを説き大土地所有者階層を安心させる一方で、ファシズムと手を組んだシチリアの支配勢力を味方に引き入れようというものであった。

シチリア独立運動の危機

連合軍のシチリア上陸直後から急激な高まりをみせたシチリア独立運動も、バドリオ政府が休戦条約を発表した一九四三年九月八日以後に退潮の兆しをみせ始めた。一九四三年七月二五日のムッソリーニ逮捕に続いて、ブリンディジでのバドリオ政府の樹立という急激な状況の変化の中で、カッシーノを突破すれば北イタリアまでの解放が可能であり、全イタリアを連合軍支配下に置けるという展望が開けた。その時から連合軍にとってシチリア独立のもつ戦略的意味がなくなり、バドリオ政府へのシチリア統治の移管は時間の問題となっていた。このことを恐れて一九四三年一二月、独立運動はシチリアのバドリオ政府への移管反対を表明している。結局、翌一九四四年二月、バドリオ政府へのシチリアの民政移管が決定し、七ヵ月にわたる占領地連合軍政府のシチリア統治は終わった。だが、その統治は終わったが、管理は続いていた。また、民政移管によって壊滅的打撃を受けた独立運動もその活動を停止するものではなかった。

それまで独立運動は情宣活動や示威行進を中心的なものとしていたが、やがて騒乱の指導、そして武装闘争へと発展していった。このことは、シチリアの歴史的要求である独立を主張し、同時に農業改革を通じてシチリアの経済構造の変革を求めるグループと、社会変革を要求する北からの風からシチリア社会を守ろうとする、それまで主導的な役割を果たしてきた保守的階層のグループの二つに分裂させることになった。地域的にみれば前者はカターニアを中心とするシチリア東部、後者はパレルモを中心とするシチリア西部にそれぞれの基盤をもっていた。

一九四四〜四五年の秋から冬にかけて、シチリア全土で社会的緊張が高まった。一九四四年一〇月、極度の生活難に抗議するパレルモ民衆のデモに、市役所職員のストライキがくわわった。そのデモに軍隊が突然発砲し、二六人が死亡し一〇四名が負傷する事件が起こった。シチリア解放後、最初の悲惨な大事件であった。その後一二月から一月にかけて約一ヵ月、シチリアは前世紀のシチリア・ファッシの運動をうわまわる社会危機に見舞われた。都市部だけでなく農村部でも、大学生や民衆のデモ、市役所、公共機関への民衆の襲撃、略奪、放火が広がり、いたるところで統制不能な状況を作り出した。コミソでは民衆が軍隊や連合軍の武器庫を襲い、警察や軍隊と銃撃戦を交える武装反乱へと発展した。町を制覇した反乱側は共和国を宣言し、数日間にわたって行政権を掌握し、司法権を行使して死刑判決をも出している。コミソ以外でも共和制が宣言されているが、その中で最も長く五〇日間にわたって共和制を存続させたのはピアーナ・デリィ・アルバネージ（一九二九年にピアーナ・ディ・グレーチから町名を変更）であった。

この社会騒乱の原因は二つあった。ひとつは戦後の食糧や生活必需品の欠乏、インフレで実質的に減った賃金、増大する失業者、工場の閉鎖、停電、破壊され麻痺した交通機関、前線から戻った農民の絶望感といった戦争直後の経済・社会の混乱に求めることができる。

もうひとつは、一九二二〜二四年生まれの青年に対する徴兵令の発布であった。この徴兵令の目的は、イタリアが北イタリアにおける対ドイツ軍との戦争に、パルチザン部隊だけでなく正規軍をもって連合軍とともに参加するというものであった。やっと戦争から解放された民衆は、この徴兵令に対して抗議の姿勢を示した。その中には、イタリア国家の政策に対するシチリアの反発も当然あった。そこに、独立運動がコミットする部分があった。

事実、カターニアの騒乱には独立運動の若い指導者たちが参加し、デモ行進や市役所の襲撃を組織・指導した。この状況は前述したコミソやラグーザでもみられた。ただし、フィノッキアーロ・アプリーレは、これらの騒乱と独立運動との関係を否定した。一月中旬にパレルモで開かれた会議で、シチリア政府は独立運動に直接ゆだねられるか、あるいは連合軍支配下に再び置かれるかという二者択一の方針を打ち出した。だが、その二つともいまやほとんど可能性はなかった。シチリア問題の解決は自治という方向で急速な展開をみせていたし、連合軍はこの問題にコミットする意志はなかった。その理由としてマックスウェルは、次の二つを指摘している。連合軍が独立運動を支持することはイタリアに内乱を引き起こすことになること、加えてファシズムによるシチリア奪回はもはや不可能とする判断から独立運動を支持する理由がなくなったことである。フィノッキアーロ・アプリーレもまた、宣伝あるいは公式の声明とは別に、速度をましていた独立運動の危機をおしとどめるために、独立という方針を変えてイタリア連邦の中のシチリアという解決方策を探り始めていた。

シチリア独立義勇軍の活動

シチリアに存在する諸政党にとって自治の方針が共通のこととなり、独立運動が解体の危機に追い込まれ始めた時期に、その運動の秘密武装集団が結成された。その目的は独立運動が陥った危機を武装闘争によって切りひらき、必要な時にいつでも革命的行動に移りうる体制を準備するというものであった。その組織の中心となったのはカターニアのカネーパであった。一九四五年の二月から三月にかけて、かれは「シチリア独立運動義勇軍」の徴兵活動を開始した。義勇軍に参加したのは若い熱血漢か社会の落伍者で、その数は四〇〇〜五〇〇人であった。その義勇軍は独立運動と同じく雑多な矛盾する要素を含んでおり、カネーパを司令官とする以外は将校も誰もいない軍事集団とは程遠いものであった。

しかし、義勇軍がシチリア人民の武装前衛部隊として戦闘姿勢を示すのには十分であった。この義勇軍は翌一九四六年三月ごろまで政府軍との戦いを含む軍事行動を展開する。シチリア東部での義勇軍の活動が始まって間もなく、当時シチリア西部で名をはせていた山賊のサルヴァトーレ・ジュリアーノとその一味を義勇軍に加え、その戦力を補強する下準備が始まった。

3　山賊ジュリアーノの生涯

第二次世界大戦後の経済・社会混乱

第二次世界大戦末期から戦後にかけて、イタリア全土が食糧危機におちいった。シチリアもその例外ではなかった。一九四四年七月の警察報告は、シチリアの混乱した経済・社会状況を次のように述べている。

経済状況は全般的に混沌としている。投機家の貪欲さと生活物資の価格の高騰を抑制できず、生活必需品の不足はますます悪化の一途をたどっている。農村地帯ではなんらかの方法で食料を手に入れることができ、生活ができるにしても、都市部ではまさに飢餓状況に等しい。加えて地主は定められた穀物供出をしぶり、一九四四年には生産の三二％しか供出しなかった。隠匿《いんとく》した穀物は闇市にながされ、多くの利益を得ていた。多くの人はその日その日を売り食いするか、闇市で手に入れたものでかろうじて生活している。俸給生活者や年金生活者は時とともに預金を使い尽くし、不十分な給与ではほとんど日々の生活を支えられず、家財道具を売り始めている。地主、商人、職人、弁護士、医者などの特権階層だけが食料を十分に確保できた。とりわけ砂糖、マラリアの薬であるキニーネ剤、石鹸、マッチ、タバコ、コーヒーの不足は著しいものであった。だが、不足しているとはいえ闇市ではあらゆるものが売られていた。季節の野菜や果物は十分な量はあったにしても、その値段はとても庶民の手の届くものではなかった。

一九四三年八月の資料によれば、公定価格でパン一キロが三・六〇リラであるのに対して闇価格は約一一倍の三五～四〇リラであった。パスタ類は一四～二〇リラに対して五〇～六〇リラ、肉は三五～四〇リラに対して六〇～八〇リラ、魚は二七～四五リラに対して五〇～八〇リラ、果物は六～一〇リラに対して二〇～三〇リラ、油が最も差が大きく一リットルの公定価格一九～二〇リラであるのに対して、闇市の価格はなんと一〇～一五倍の二四七～二六〇リラであった。

この時期に占領軍の定めた日給によれば、公の仕事に従事する未熟練労働者の賃金は一二〇〇リラ、熟練労働者は一八〇〇リラ、専門職は二〇〇〇リラ、農業労働者は一三〇〜二〇〇リラであった。

一九四四年冬、パレルモだけで飢えによる衰弱と寒さで数百人が死亡した。明け方、閉ざされた家の入口の前に動かなくなった遺体が横たわっている光景は日常のことであった、と証言する者もいる。闇市で食べ物を手に入れられる者は恵まれていた。売るものもない者は、死ぬかあるいは闇市を舞台にしぶとく生きるしかなかった。そこには貧困→食料の不足→闇市→警察の取締り→追われる者→山賊という図式ができ上がっていった。

「モンテレープレの王」

一九四三年以後、シチリアでは多くの山賊集団が生まれた。それはマフィアの存在する西部だけでなく、東部のメッシーナ、カターニアにも広くみられた。その中に、戦後の山賊を典型的に代表するサルヴァトーレ・ジュリアーノがいた。

かれが警察に追われる身となったのは二〇歳の時である。電話敷設工事の仕事を解雇されたかれは、家族の生活を支えるために小麦の闇取引を始めた。統制品の小麦は許可なく生産地から他の地域に移し売買することが禁じられていた。しかし、かれは地主から分けてもらった小麦の袋を肩にかついで闇市で売りさばき利益を得ていた。

その儲けで一頭のロバを買い、一度に四〜五袋の小麦を運び、闇商売の規模を広げていた。

一九四三年九月二日の午後遅く、二ヵ月前に手に入れたばかりのロバの背に三二キロの小麦を積んで、家族の住むモンテレープレの村に戻る途中、かれは、闇物資を取り締まる警官二人につかまった。トラックを使った大規模な闇物資の取引は、マフィアによる行政・司法機関に対する根回しによってかなりおおっぴらにおこなわれていた。だが、生きんがための小規模な闇取引に対する警察の取り締まりは厳しく、目こぼしはなかった。

サルヴァトーレ・ジュリアーノ

逮捕されそうになったジュリアーノは、山賊を恐れて護身用にもっていた銃で警官を殺してしまった。その際に、かれ自身も足に警察の銃弾を受け負傷した。手負いの追われる身となったジュリアーノではあったが、モンテレープレの医者から治療を受け、村の人々に匿われて傷の回復を待った。その後、山中に逃れ山賊となり、警察に対する報復として刑務所、警察を襲撃し始めた。

ジュリアーノが山賊になるきっかけとなったのは、警察官を殺すことがなければ、ほとんどの人間がおこなっていた闇取引のありふれた小さな事件のひとつであった。それだけに、山賊ジュリアーノの誕生は、第二次世界大戦後のシチリアの社会をそのまま反映しているものである。また、土地をもたない、あるいはもっていたとしてもそれだけでは生活を支えることのできない人々にとって、闇取引が飢えに抗しうる唯一の手段であった。国家の側からすれば闇取引は重大な犯罪とみなされ、取り締まりの対象となったが、それは民衆の側からすれば国の法律よりも優先される生きるための必死の行動であった。ジュリアーノのおこなった闇取引という行為は、当時のシチリア社会で広く、いうなれば公認されていただけに、地域社会が追われる者をかばい、匿うという状況はごく自然なことであった。

モンテレープレはパレルモから約三〇キロのところにある山中の小さな村である。村の背後には荒涼とした野が広がり、奇怪な山々がそびえ、アフリカからの熱い風、シロッコが地中海の湿気を吸収して重く吹きつけるところである。村の周りには白く

モンテレープレ

輝く大きな谷があり、その間に巨大なサボテンが生い茂っている。そこは山賊の恰好の待伏せ場所でもあった。このモンテレープレを根城に、ジュリアーノは近郊の村々の警察や地主の家々を襲撃し、金品を奪った。ジュリアーノは生来のすぐれた統率力、組織力を発揮し、西部シチリアの山賊の中できわめて短期間にその頭角を現した。かれ自身も「金持ちから奪い、貧乏人に恵む」と公言し、モンテレープレの王と呼ばれるようになる。そこには、中背のたくましい均整のとれた身体とギリシア人を思わせる顔立ちのジュリアーノの演出も作用して、ロビン・フッドまがいの義賊のイメージが作り出され、民衆の尊敬を受けるようになった。一九五〇年にかれの右腕でもあった人間の裏切りで殺されるまでの約七年間の長い期間、かれが山賊として生き延びられたのは、シチリアの農村社会に存在した反国家・反警察という民衆意識に助けられたということでもある。この民衆意識は、マフイアの世界を構成する心理的メカニズムでもあるオメルタと共通するものであった。

また、山賊ジュリアーノが第二次世界大戦後のシチリアの歴史に名を残すことになったのは、シチリア独立運動の義勇軍の一翼をになったことと、古くからの社会的地位や経済的利益を保持しようとするマフィアや保守的階層に弄《もてあそ》ばれて農民の敵となり、悲劇的な死をとげたことにあった。

義勇軍の大佐へ

急激な盛上りをみせたシチリア独立運動は、その勢力衰退に焦りを強く感じ、前述したように武装蜂起による目的達成を意図した義勇軍の組織化を開始していた。当初、それはもっぱらカネーパを中心とした東部シチリアに限られていたが、全シチリア的規模で政府を混乱させ、運動の勢力挽回をはかるために、西部シチリアでも義勇軍の組織化が必要となっていた。

一九四五年五月、独立運動の幹部が出席した会議で、山賊を義勇軍に参加させることの可否に関する討議がおこなわれた。指導者の一人ガッロは、一九世紀のイタリア独立運動、すなわちリソルジメント運動においてマッツィーニが結成した「青年イタリア」のゲリラ戦の方法を採用することを考えて、イタリア軍と警察との戦いで戦術的に山賊の協力を得ることが重要であることを主張した。タスカは近代イタリアの国民的英雄であるガリバルディも一時的に無法者と手を組んだと主張することによって、山賊との協力を積極的に肯定した。一部の人間は犯罪者の集団である山賊と手を組むことに懸念を示したが、会議はその方針を決定した。

その決定に従って、シチリア西部だけでなく東部でも山賊との接触が開始された。西部には、「モンテレープレの王」として山賊の中でその力を誇示し、その義賊的行動によって民衆の中にも広い支持基盤をもっていたジュリアーノという打ってつけの人物がいた。モンテレープレのジュリアーノの根城からかなり離れたある封土の倉庫に案内された独立運動の幹部が、そこで待っていたジュリアーノに義勇軍への参加を申し出た。ジュリアーノにとって、この要請はそれまで犯した数々の犯罪行為を帳消しにしうる可能性もあり、また自分を追われる者にした国家との戦いであるだけに、拒否する理由はなかった。むしろ山賊という立場に合法性を与え、かれの反抗心の根底に存在していたシチリア独立を行動に移すというまたとない機会であった。事実、かれ自身もそれ以前にシチリア独立運動の支持を表明していた。しかし、かれは、この独立運動側からの要請が山賊ジュリアーノの利用であり、単なる一つの駒であることを理解できなかった。

ジュリアーノは、義勇軍の軍旗と大佐の地位が与えられ、徴兵活動を開始した。それまで山賊の仲間から呼ばれたトゥリドゥという愛称が、隊長という呼び方に変わった。その時からジュリアーノは山賊ではなく「祖国シチリア」独立の戦士となった。山岳地帯でのゲリラ戦を得意とするジュリアーノは、五〇人前後の小部隊を指揮し、ただちに行動を開始した。一九四五年一二月から翌四六年二月にかけて、ジュリアーノは部隊を率いて警察の宿舎を襲撃し、武器・弾薬を奪い、書類を焼き払った。そして、かならず壁にジュリアーノの名で「シチリア独立万歳」と書き残した。攻撃目標となったのは刑務所、軍の石油貯蔵所、放送局、汽車、軍のトラックなどであった。

政府は独立義勇軍の名の下で荒らしまわるジュリアーノの首に八〇万リラの賞金をかけた。ジュリアーノの部隊は単なる山賊団としてではなく、正規の軍隊のように警察や軍隊と戦いを交えた。それは、戦いの時と場所を的確に選ぶジュリアーノの指揮官としての才能に負うところが大きかった。

国家の山賊対策

政府が山賊という犯罪集団と手を組んだ独立運動の新たな展開を許してしまった理由として、シチリアの近現代史家であるレンダは次のようにいう。最も単純でかつ最も伝統的な鎮圧の方法は武力によるものであった。それは、戒厳令をしき、掃討作戦を展開し、独立運動の人間を逮捕し、軍事法廷に送ることであった。しかし、政府はその単純で伝統的な方法ではなく、困難な方法を選んだ。法を逸脱することなく不法行為と戦うこと、患者を殺さずに病気を治癒する方法であった。当時の内務大臣であった社会党員のロミータは、直接的に犯罪行為をおこなった者だけに捜索を限定し、軍事行動においても決して最初に警察や軍隊が銃を発砲することのないようにという指示を出した。こうした政府の方針の背景には、イタリア統一直後の政府やファシズム期にモーリが徴兵忌避者や山賊の掃討に際してきわめて弾圧的な方法をとったこと、そしてそうした方法がイタリア政府のシチリア統治において良い結果を生まなかったという反省があった。国家は、力でもってシチリア人の個人的権利を侵害するようなものであってはならないという考えが、政府の方針に強く反映していた。もうひとつ忘れてならないことがある。それは、独立運動がおちいっていた混乱を明確にすることであった。つまり、シチリアの独立という主張にもとづく政治運動と、それが利用する山賊という現象の区分であった。政府の判断によれば、山賊と手を組んだ独立運動は、その本来の運動とは完全に異なるグループの少数者によるものであった。

このことは、一九四五年一〇月に逮捕・投獄された独立運動の中心人物であるフィノッキアーロ・アプリーレ、ヴァルヴァロなどが一年をたたずして釈放されていることからもわかる。

三年間にわたって突風のようにシチリア全土を激しい渦の中に巻き込んだ独立運動と、約一年間続いたほとんど内乱に近いその武装闘争は、イタリア全土がファシズムから解放され、国民投票によって君主制か共和制かというイタリアの国制を決定する前に、つまり一九四六年六月二日の前に、その火を燃やし尽くした。シチリア問題は国家にとって重要な政治問題ではあったが、法律にのっとった方向で解決されることになり、独立主義者もイタリアの法秩序の中でその活動を展開することになる。国家の法秩序の中で独立運動を展開することとの保証と引きかえに、イタリア政府は義勇軍に参加して戦った独立主義者に対する恩赦を約束した。だが、その中にはジュリアーノを含む山賊の名は見出せなかった。それは政府による独立運動と山賊の区分を示すものであり、独立運動の側からの山賊の切り捨てであった。そして、独立運動は独立義勇軍とはいかなる関係をももたないとタスカは述べ、フィノッキアーロ・アプリーレは独立運動の目標と意図はその敵対者たち、すなわち山賊たちによってゆがめられてしまった、という発言をするにおよんだ。いまやジュリアーノは再び単なる山賊に戻るしかなかった。読み書きのほとんどできなかったジュリアーノの中には多くの要素が存在していた。戦略家、復讐者、冷酷な人間、気前の良い人間、粋な男、詩人といった要素である。だが、そこにはひとつ欠けたものがあった。政治家としての資質である。力と本能が混在するジュリアーノには長期的展望に立つ戦略がなかった。自分のさまざまな夢を託したシチリア独立運動が崩壊した時、孤立し切り捨てられた山賊としてのジュリアーノが残された。

戦後のシチリアの政治地図

戦後、イタリア国民がおこなった最初の政治選択は、共和制か君主制かという政体制を決める国民投票においてであった。一九四六年六月二日におこなわれた国民投票の結果、イタリア国民は共和制を選んだ。しかし、シチリアでは共和制支持が七一万票で総投票数の三五・三％であるのに対して、君主制支持は一三〇万四〇〇〇票で総投票数の六四・七％であった。圧倒的に君主制支持が多かった。同日おこなわれた立憲議会の選挙結果も、キリスト教民主党を中心とする右派の勝利で、共産党、社会党、共和党などの左派の敗北でもあった。

国家体制を決める国民投票より約一ヵ月前に、イタリア政府はシチリアを特別自治州と認めていた。一九四七年四月におこなわれたシチリア自治州の選挙においては、前年の立憲議会の選挙とは逆の結果が出た。共産党・社会党からなる人民ブロックが五九万一〇〇〇票で二九％、キリスト教民主党が四〇万票の二〇％、自由党が二八万七〇〇〇票の一四％、君主派が一八万五〇〇〇票の九％、独立派が一七万一〇〇〇票の八％であった。

国内レヴェルではレジスタンスに参加した政党を含む国民統一政府から左派は排除された。国際的には冷戦が始まり、それがイタリア政治にも強く影響を及ぼし、左派と右派の対立が激化していた。この状況はシチリアにそのまま反映していた。自治州の選挙で三〇％近くを獲得した左派勢力は、キリスト教民主党を核とする中道右派の前に動きを阻止されていた。中道右派は、日に日に崩壊していく分離独立主義者をも抱き込んで七〇％近くの勢力をもっていた。しかし、中道右派内部においても、対立が存在していた。その複雑な対立関係の間隙をぬって、マフィアはキリスト教民主党との接近を強めていった。

マフィアがキリスト教民主党を選択した理由は次のようなものであった。戦争が終わり、ファシズム期に権力をほしいままにした人間が去った後の権力空白期に登場したのが、ファシズム登場以前に大土地所有制を基盤に、農村地帯に大きな利権をもっていた支配者階層の人間によって構成されるキリスト教民主党であった。そして、その政党の利害とマフィアの利害が一致した。キリスト教民主党に参加した多くの者は二〇年におよぶファシズム支配期に息をひそめて、マフィア的な恩恵と庇護の関係を維持・管理してきた人間であった。かれらはファシズム支配期においてすら絶えることなく、そして戦後も、マフィアの人間に土地の管理をまかせる地主階層の人間であった。両者とも、旧来自分たちが保持してきた大土地所有制を基盤とする利権を守るという点で一致した。さらにマフィアは、自分たちの支配地域にもつ暴力を背景とする集票能力を発揮してキリスト教民主党に自らを高く売りつけたばかりでなく、地方政治のみならず国政にまで進出する足掛かりをつかもうとした。キリスト教民主党は、戦後急速に台頭してきた左翼勢力、そしてそれに指導される土地を要求する農民運動の高まりに大きな脅威を感じ、それへの対抗策として大土地所有制の中に存在する共通利害に従って、マフィアと当然のこととして手を組むこととなった。

農民の土地占拠運動

戦後シチリアを無政府状態におとしいれたものには、独立運動、山賊の他に、それまでの農民運動とは明らかに異なる土地を要求する農民の運動があった。一九四四年秋、シチリア農民は、未耕作地の割譲に関するグッロ政令の実施を要求する運動を開始した。アリアーノは「シチリア問題は常に同じで、本質的にはひとつである。それは封建的起源をもつ支配階層からシチリアを解放すること」と指摘し、イタリア共産党のトリアッティは「シチリア人は自由を熱望し、土地に飢えている。自由と土地はシチリアの労働者の何世紀にもわたる夢である」と述べている。

シチリア農民の土地を要求する運動は、一九四五年五月ごろから急激な盛上りをみせるようになり、グッロ政令にもとづく折半小作制の公正な実施をその目標のひとつにかかげることになった。折半小作制とは、地主と小作人が収穫を半分ずつ分けるという契約である。しかし、その契約は実際には圧倒的に地主に有利なものであった。小作人の取り分の半分から種代、農機具使用代、農地監視人の費用、道路整備費などさまざまな経費が差し引かれた。小作人に残るのはわずかの作物か、ともすればさまざまな費用が払えずに借金がかさむという状況にあった。それだけに、折半小作制の完全実施というグッロ政令は、農民の心強い後ろだてとなった。土地を要求する運動は、とりわけシチリア西部の大土地所有地からなる穀倉地帯に広がった。その運動について、サルヴァトーレ・ルッソは一九四六年一〇月に発表した論文の中で次のように述べている。

大きな運動がシチリア農民の間で進行している。昨年、躊躇《とまど》いがちに始まった運動はいまや非常にひろい広がりをもつにいたった。シチリアでは農村経済、社会状況の諸様相を変える方向での農業革命が実行されつつある。その革命はシチリアの歴史にみられる過去の事件と関連しているが、新しい特別の特徴をもっている。もはや古くからの大土地所有制に反抗する農奴の運動ではない。奴隷制を粉砕するために立ち上がり、ローマの執政官の軍隊に抵抗する原始的反乱運動ではない。長い間の無気力状態から目覚めた農民たちが、家に放火し、人を殺し、そして長きにわたって横暴非道をはたらき、屈辱を強いた者への恨みをはらすが、その後再び主人に仕え、主人の手に接吻をし、反乱の仲間を告発するようなアナーキーな反乱ではない。農民が混乱したままはじめて政治の舞台に登場した「シチリア・ファッシ」の運動でもない。漠然とした、あいまいな域から抜け出して、進歩と文明の実現者として自らを認識したシチリア農民の最初の運動である。シチリア農民は松明をもって地主の城や市民の社交クラブに火を放ったりはしないし、煽動者にあやつられて炉税への抗議のために村役場のバルコニーの下に集まることもない。かれらは集団で行動する。馬に乗って長い隊列を組み、法律の確実な実施、未耕作地あるいは不良耕作地の耕作許可を政府代表に要求するために、また共同体に対する義務を忘れた不在地主の取り替えを要求するために、行政機関のある町に向かって長い時間をかけて行進する。

未耕作地占拠の風景

農民の運動形態は町や村によって多様であるが、ルッソの指摘する農民のいわゆる「行進」と、自然発生的におこなわれるようになった土地占拠闘争は一般的にみられるものである。土地占拠闘争は決して暴力的なものではなく、平和的で象徴的なものであった。馬に乗った農民、赤旗、時にはカトリック系の組織のものと思われる白旗をかかげる者、女性や子供などが長い列を作って行進し、長い間にわたって耕作されずに放置され雑草・雑木の荒れるにまかせた封土に集まる。畑の中の大きな石を除き、自分の耕したいところに印をつけて、その周りで飲んだり食べたり歌ったり、ピクニック気分を盛り上げる。それがすむと、また隊列を組んで村に戻っていくというものであった。

土地占拠闘争が展開されたのは、とりわけ大土地所有制が広く存在するアグリジェント、カルタニセッタ、パレルモの三県であった。パレルモ県だけでも、土地占拠の件数はコルレオーネ、ピアーナ・デリィ・アルバネージ、ミジルメーリなどを含め三〇件以上にのぼった。国家の政令をかかげて堂々と自分たちの権利を要求するこの農民運動は、地主との協定を求めたり、政府が反対か中立の立場をとった過去のものと決定的に異なっていたことで、地主階層にとってはまさに青天の霹靂《へきれき》に等しいものであった。

この運動を指導したのは共産党・社会党であり、実質的な運動の基盤はフェデルテルラ（農業労働者の組合で、一九〇一年にボローニャで最初に結成された）、協同組合、労働評議会に置いていた。とりわけ協同組合は未耕作地の譲渡を認めさせる重要な手段であった。地主階層は、こうした組織を背景にする農民が土地問題の解決を政治的関係の中に求め、そのことが農民大衆の主導権確立へと発展していくことを恐れた。

地主は収穫を折半小作制にもとづいて分ける際に、「いつもの方法で分割したいと思うか、あるいは共産党のやり方でやりたいか」と小作人にたずねた。もし小作人がグッロ政令に従った分け方を望むようであれば、地主はただちに警察を呼び、小作人の要求に異議をとなえて民事事件とした。裁判に持ち込まれれば収穫物は押収された。当時の一般的な例として解決まで少なくとも五年はかかったことから、小作人は地主の古いやり方に屈するほかはなかった。

未耕作地の割譲要求に対して、地主は次のような方法で抵抗した。一九四五年三月、トラビア公爵夫人はミッケチ封土の管理をマフィアの大ボスであるドン・カーロに委託した。かれはファシズムの支配前にこの封土の一部を借りた、いわゆる借地人であった。あらためてその封土がかれに委託されたのは、山賊と農民の騒乱に対する防衛の意味があった。ドン・カーロに封土が委託された同じ日に、ヴィッラルバの農民は、その封土の一部は未耕作地、その他はほとんど耕作されていないに等しい状態にあることを理由に、割譲を要求した。農民の要求は関係機関によって却下された。

ドン・カーロは、落胆した農民に対して、気にしないで自分たちの健康に気をつけるようにと、言葉をかけた。農民は、その言葉の意味をわかりすぎるほどわかっていた。それはおだやかではあるが、脅迫以外のなにものでもなかった。未耕作地の譲渡を要求する「自由」協同組合に参加していた農民は、ドン・カーロのすごみのある説得をうけて一夜にしてそれから脱退し、組合自体も解散してしまった。それに代わってドン・カーロの甥が組合長をつとめる新しい組合が設立され、農民は無言の圧力に従ってそれに参加した。トラビア公爵夫人の広大な封土のすべてが、きわめて合法的に、この新しい組合に委ねられた。当然のこととして、そこでは契約にもとづく収穫物の正当な分配も、新しい契約も、また農民の要求に沿った改革も望むべくもなく、農民は完全にマフィアの支配下に置かれた。

このような例はヴィッラルバに限らない。ドン・カーロの跡目を継ぐことになるムッスメーリのジェンコ・ルッソは、青年時代に牧童として働いたことのあるポリッツエッロ封土の管理をまかされた。かれは封土を占拠した協同組合に参加した農民三〇〇人に発砲し、力で農民の要求を否定した。マフィアの人間を使った地主の農民運動への対抗策は、カルタニセッタ県やパレルモ県の多くの封土で見られ、ファシズム以前に農村地帯でマフィアがつくり出していた古い秩序を再確立させることになった。

ポルテッラ・デルラ・ジネストラ事件

マフィアは、自分たちの利権を根幹からおびやかす恐れのある、農民運動を背景とする新しい勢力の追い出しに直面して、その運動を指導する共産党・社会党、そして協同組合の指導者を物理的に抹殺しようとした。マフィアは、一般的に未耕作地を要求する農民との直接的対決を意識的に避けて、その背後に存在する左派の指導者たちを狙った。この方法はマフィア流のきわめて巧妙なもので、表面的には農民の側にある姿勢を示し、かれらを脅迫や無言の恫喝で抱き込み、他方で地主や保守的政治家の意向を尊重しながら、農民運動の政治指導者を暗殺していった。ちなみに一九四五年一二月から一九四八年一二月までの三年間に、パレルモ、トラーパニ、アグリジェントの三県でマフィアに殺された組合運動の指導者は三一名にのぼった。マフィアが自ら手を下すことはせず、独立運動の義勇軍の戦士から山賊に戻っていたジュリアーノを使って、農民運動に対する血の反撃をおこなう事件が起こった。それが、一九四七年五月一日のポルテッラ・デルラ・ジネストラ事件である。

事件の一〇日前、四月二〇日、シチリアで地方選挙がおこなわれた。イタリア統一の英雄ガリバルディの肖像をシンボル・マークにする共産党・社会党を中心とする人民ブロックと、カトリック教会をバックとするキリスト教民主党は真っ向から対立して激しい選挙戦を展開した。共産主義勢力の拡大を阻止し、既存の権益を保持しようとする地主階層、そして独立運動と完全に手を切ったマフィア勢力を重要な基盤とするキリスト教民主党と、土地を要求する農民大衆にバックアップされる人民ブロックのこの戦いは、シチリアの将来を決定する多くの重要な要素をかかえていただけに、イタリア全土から大きな関心をもって凝視されていた。独立運動からキリスト教民主党にくらがえしていたマフィアは、イタリアの政治体制を決める国民投票では君主制支持の運動をさせたジュリアーノを、今度はキリスト教民主党のために働かせた。その際に、もしキリスト教民主党が勝てばジュリアーノとその部下は過去の罪状を許されて自由の身になり、もし負ければブラジルへ移住できるようにとりはかろうという約束がなされたといわれる。それだけにジュリアーノも、殺人、破壊、放火といったあらゆる手段を使って、いうなれば必死の選挙運動をおこなった。その結果は、大方の予想に反して、人民ブロックの勝利に終わった。人民ブロックは総投票数の二九％を獲得し、シチリア州議会の三分の一にあたる二九議席を得た。キリスト教民主党は総投票数の二〇％で、二〇議席しか獲得できず、決定的な敗北を喫した。キリスト教民主党の農村部での落ち込みが著しいのに対して、人民ブロックは農村部とならんで都市部でもまんべんなく票を獲得していた。この結果に対するマフィアを含めたシチリアの保守勢力の驚きの大きさと深さは、ポルテッラ・デルラ・ジネストラ事件が雄弁に物語っている。

ピアーナ・デリィ・アルバネージ村からサン・チプレッロ村に抜けるゆるやかな坂道を車で一〇分ほど登ったところにあるポルテッラ・デルラ・ジネストラは、峠のようなところに広がる牧草地である。茶褐色の岩肌がむき出しになり、草木もほとんどない山と山との間に位置する牧草地には、大きな白茶けた岩や石があちこちにころが

ポルテッラ・デルラ・ジネストラ

っている。筆者がそこを訪れた時、こぬか雨が白いヴェールをかけるように降っていた。両側の山をはさんで舗装されたかなり広い道を時おりトラックや自家用車が水しぶきをあげて走り去る音以外は何も聞こえず、完全な静寂が重く支配していた。牧草地の真ん中あたりに二メートル近い大きな加工されていない、自然のゴツゴツした石碑が立てられている。それには次のような文字が刻まれている。

　一九四七年五月一日、ここでメーデーと四月二〇日の勝利を祝っている最中に、ピアーナ・デリィ・アルバネージ村、サン・チプレッロ村、サン・ジュゼッペ・ヤート村の男、女、子供たちに、封土に対する農民闘争をたたきつぶすためのマフィアと大地主たちの銃弾がふりそそいだ。

ポルテッラ・デルラ・ジネストラ事件は、記念碑に記されたパレルモ県の三つの村の農民や労働者、そしてその家族が、シチリア・ファッシの時に始まりファシズム期の中断後に再開されたメーデー集会をおこなっている時に起こった。その年は、一〇日前におこなわれた地方選挙で人民ブロックが勝利をおさめたことや伝統的なサンタ・クローチェフィッソの宗教祭日が重なったことで、集会は大きな盛り上がりをみせて、祝祭的な気分がただよっていた。徒歩で、あるいは馬で、またシチリア独特のはなやかな色彩がほどこされたカレットと呼ばれる荷馬車に家族をのせて集会に集まった二〇〇〇人近い人々に向かって、山頂の岩かげに隠れていたジュリアーノ率いる山賊の一団が突然に機関銃を発射した。組合の指導者の一人が演説を始めたばかりの時で、最初農民たちは爆竹の音かと錯覚した。だが負傷者の叫び声、血を流して倒れる者を目にして、その音がなんであるかを知った。犠牲者は死者一一名、負傷者五六名にのぼった。

陰で操った政治家たち

この事件は、一九五〇年に開かれたヴィテルボの裁判で、ジュリアーノが七年間にわたっておこなった犯罪の中で最も重大なものであると指摘された。その裁判で逮捕された山賊仲間の証言から、この事件がジュリアーノによる単独犯行ではなく、君主派の政治家、マフィア、警察の高官が複雑に関与していたことが判明した。その犯行の数日前——四月二七日か二八日のどちらか——の午後、ジュリアーノがある人物から行動指令の手紙を受け取っていたのである。

ジュリアーノの妹と結婚したばかりの義弟にあたるパスクワーレ・ショルティーノが、山賊仲間の農場にいたジュリアーノに、一通の手紙をもってやってきた。家の中にいた部下を外して、二人はその手紙を何度も読み、終わるとマッチに火をつけて焼き捨てた。そして、ジュリアーノは部下たちを呼び、「われわれの解放の時がきた」と述べ、ポルテッラ・デルラ・ジネストラでおこなわれるメーデーの集会に集まる共産党員を撃つと伝えた。

この証言は重要な意味を多くふくんでいる。その手紙には実行プラン、つまり社会党・共産党員に対する発砲、日時—五月一日のメーデー、場所—ポルテッラ・デルラ・ジネストラが書かれていたと思われる。その指令を密かに待っていたと思われるジュリアーノであるが、それは以前になんらかの打合せがあってのことと考えても不思議はない。つまり、ポルテッラ・デルラ・ジネストラ事件を背後で仕組んだ真犯人、ジュリアーノに発砲させるように仕向けた教唆者がいると考えるのはきわめて自然なことである。

その教唆者、そして真犯人について、かれの片腕でいとこでもあり、後にジュリアーノを裏切ることになったピッショッタは、ヴィテルボの裁判でおそるべき証言をおこなった。その人物とはキリスト教民主党員のベルナルド・マッタレーラ、大土地所有者のアルリアータ侯、君主主義者のマルケザーノ、そしてシチリア出身のキリスト教民主党議員で、当時内務大臣をつとめていたマーリオ・シェルバであった。最初の三人が事件の前にジュリアーノと会合を重ねており、かれらが行動指令をジュリアーノに出した張本人であるというものであった。

「われわれの解放の時がきた」とはどのような意味をもっているのか。それは「メーデーの集会に集まる共産党員を撃ちに行こう」という言葉と深く関連している。共産党員に銃を向けることで、ジュリアーノがなぜ解放されるのか。シチリア独立運動の崩壊の後、ふたたび山賊として追われる身となったジュリアーノが最も望んでいたことは、過去の犯罪歴を消し去り、自由の身への転換をはかることであった。それは、法的に正式に認められた自由な人間として家族とともに生活するという、いわば普通の、しかしほとんど不可能に近い願いであった。その願いこそがかれの解放であった。ではその願いが共産党員に銃を向けることでなぜかなえられるのか。共産党員に銃を向けることと引きかえに、それをかなえてやると約束した人間がいたのである。

その人間は、共産党員を撃つこと、農民運動をつぶすことに最大の関心をもっている者である。ではその人間とは誰か。シチリア地方選挙での人民ブロックの勝利に冷水を浴びせられた地主階層、キリスト教民主党、マフィア以外の何者でもなかった。それも、ローマの政府を動かして、ジュリアーノに特赦を約束しうる人物でなければならなかった。小物のマフィア、小物の政治家ではジュリアーノを説得しえなかった。いうなればローマの政府にも働きかけうる、あるいは国政の中枢にいる大物政治家であらねばならない。

このように考えた時、ヴィテルボの裁判で名前のあがった先の四名の人間がポルテッラ・デルラ・ジネストラ事件の背後に存在した教唆者であると考えても不思議ではない。かれらこそ共産主義の拡大を望まず、その拡大に脅威をいだいていたキリスト教民主党に属する人物であり、未耕作地の割譲要求にマフィアと組んで対抗しようとした地主階層の人間であったからである。

それだけにこの事件は政府それ自体をも崩壊させかねない問題を含んでおり、前代未聞の想像もつかない政治スキャンダルに発展する要素をはらんでいた。だが、教唆者として名前のあがった内務大臣シェルバは事件への政治的関与を断固として否定し、ジュリアーノとその手下の犯行であると主張した。事件に対する国政レヴェルでの同意があったということを断固として否定した背景には、単にキリスト教民主党に属する一人の大物政治家シェルバの個人的な名誉と威信の問題だけでなく、当時のイタリアの複雑な国際的立場とその後のイタリアの方向を決定する重要な要素が存在していた。

影を落とす冷戦

国際的には、イタリアはアメリカの地中海戦略の枠組の中に置かれており、ソ連の勢力の拡大阻止というアメリカの意向を受けたキリスト教民主党は親アメリカ政策をとっていた。ちなみにポルテッラ・デルラ・ジネストラ事件から約一ヵ月後に、二人のアメリカ人将校がジュリアーノと会見している。その一人、一説にはアメリカの秘密情報部員あるいはジャーナリストともいわれるマイケル・スターン大尉に、ジュリアーノは、共産主義者一掃のために必要な重火器を求めるトルーマン大統領宛の手紙を手渡した。その中には、次のようなことが記されていた。

アメリカ連邦にシチリアを併合する運動は滅びるべき当然の理由がある……私が戦ったおかげで国会議員に選出されえた人々が私に背を向け、いまや私のもとには部下だけしか残っていない。いまわれわれが本当に必要なものは、とりわけあなたの威厳ある力強い道義的支持であります。

その手紙の中で、ジュリアーノは、シチリア人は地中海への進出を望んでいるソ連の餌食になることを恐れていると述べた後で、ボルシェヴィズムと対決する姿勢を示している。歴史家のロマーノが指摘するように、この手紙の中には二つの要素が見出せる。ひとつは自分の犯罪行為に政治的意味を与え続けるしか出口のない一人の山賊の心情である。もうひとつはアメリカの秘密情報部員がそそのかしたのであろうが、アメリカの世界戦略に沿った声明である。ここにも、当時のイタリアに深く影を落とす国際関係を見出すことができる。

この国際関係と密接に関連したイタリア国内の緊張した政治状況がある。キリスト教民主党と人民ブロックの抜き差しならない対立である。ポルテッラ・デルラ・ジネストラ事件後、この両者のコミュニケーションのあらゆるチャンネルが消滅し、イタリアの政治は緊張の度合いを高めていった。国政レヴェルでは、その年の一月にアメリカ訪問から帰ったデ・ガスペリが共産党・社会党を排除した内閣を組織した。シチリア州議会レヴェルでも、国政の影響を受けて選挙で三分の一の議席を獲得したばかりの人民ブロックとキリスト教民主党の協力は不可能となり、中道右派による多数派が形成された。四月二〇日の選挙での人民ブロックの勝利は州議会では実をみのらせることができなかった。

一九四八年四月一八日、国政選挙がおこなわれた。民主人民戦線に結集した左派ブロックとキリスト教民主党を中心とする保守ブロックは、まさに一騎打ちに等しい壮絶な選挙戦を展開し、政治的緊張をいやがうえにも高めた。その選挙は、共産主義か民主主義か、ソ連かアメリカかという二者択一の国民投票を思わせるものがあった。この時期、イタリアの多くの港には、アメリカ軍艦とならんで、マーシャル・プランによる穀物や小麦粉を積んだアメリカの貨物船が寄港していた。このようなアメリカ側からの支援に加えて、アメリカの諸都市にちらばったイタリア系アメリカ人からイタリアの家族や親戚に無数の手紙がとどいた。その中には、判で押したように民主人民戦線側には投票しないようにと書かれていた。カトリック教会も、民主人民戦線を支持する者には破門をちらつかせ、あるいは地獄に落ちたくなければキリスト教民主党に投票しろといったファナティックな宗教論を展開して選挙戦に加わった。地獄とはソ連であり、天国とはアメリカであった。

シチリアでは、カトリック教会よりもアメリカの影響が強かった。連合軍のシチリア上陸後、いたるところでシチリア系アメリカ人が活発に活動していた。シチリア人の家族や親類縁者にはアメリカに移民した者が必ずいた。それだけに、シチリア人にとってアメリカは身近な存在であり、富をもたらす裕福な国というアメリカ神話が生きていた。その神話が有形無形に、選挙に影響を与えた。

共和制か君主制かを決める国民投票やその一年前の地方選挙の場合と同じく、今回の選挙においても、ジュリアーノは、マフィアを通じての、選挙に勝てば特赦による無罪放免という約束を得て、殺人、略奪、放火といった暴力を駆使して、自分の支配地域におけるキリスト教民主党への選挙運動をおこなった。

生き延ばされたジュリアーノ

選挙の結果は、国内レヴェルではキリスト教民主党が絶対多数に近い票を獲得して圧勝した。シチリアでも、キリスト教民主党は一年前の地方選挙の二倍以上の四七・八七%を獲得した。ちなみにジュリアーノが選挙運動をおこなった地域では、一年前の地方選挙の票を一五六%もキリスト教民主党がふやした。だが、ジュリアーノが殺されてから三年後の選挙では、キリスト教民主党は同じ地域で四〇%にまで得票率を下げている。このことは、ジュリアーノの暴力を背景とする選挙活動のすさまじさ、かれの無罪放免という願いに対する執念をまざまざと見せつけるものでもある。無罪放免の条件は、キリスト教民主党への選挙応援だけではなかった。それにはもうひとつの条件があった。それは、いまだにシチリア西部に跋扈《ばっこ》している山賊一掃への協力であった。ジュリアーノはその条件をのんだ。その理由は、無法者の山賊を一掃することが、かれの行動に法にもとづく社会正義という要素を与えることになるからであった。この山賊一掃のために警察とジュリアーノの橋渡し役をつとめたのが、ドン・カーロの部下でパルティニーコのマフィアのボス、サント・フレーレスである。ジュリアーノは警察に対して山賊の情報を与え、時には警察にかわって山賊を殺したりもした。これは、警察がマフィアを使って山賊や犯罪者を一掃しようとしたジョリッティ時代の方法とまったく同じものであった。その結果、ジュリアーノの山賊団をのぞいて、ほとんどの山賊団が一掃された。約一八ヵ月の間に三十余りの山賊団を全滅にしてしまった。多くの山賊が友人と信じ、仲間として親しくしていたジュリアーノによって次々に殺されていった。

ジュリアーノの警察への協力の報酬として、かれの部下に警察発行の身分証明書あるいは多分偽造であろうが内務大臣シェルバの署名した通行許可証が与えられた。

ポルテッラ・デルラ・ジネストラ事件後も、かれが約三年間にわたって逮捕されることなく、むしろほとんど自由に外国人ジャーナリストのインタヴューに応じたり、新聞に投稿したり、映画を作ったりしえた理由がここにあった。いうまでもなく、かれを取り巻くシチリア農村世界のオメルタだけで逃げおおせるものではなく、かれを生かしておくことに利を見出す警察当局の計算があったからこそ生き長らえたのであった。警察はジュリアーノの山賊行動を、ある時は黙認しある時は共謀し、ある時は奨励さえしたのである。このことは、ヴィテルボの裁判でおこなったピッショッタの証言からも明らかである。

警察の計算とは、極限すればマフィアの計算であった。陰でささやくプロンプターのマフィアの意向に従った、あるいはマフィアと癒着した警察が、ジュリアーノを生かし、自ら手を汚すことなくかれを働かせ、シチリアの農村社会をマフィアの望む方向に動かしたのである。ジュリアーノがマフィアの操り人形であったとすれば、警察もまたマフィアの操り人形であった。

逃亡中のジュリアーノはしばしば公然と母親に会っている。母親はそのたびに「お前は疲れているよ、少し休みな」と哀願した。だが、かれは「ママ、もう休むことはできないよ」と、決まって答えた。かれは、その時、休むこともあと戻りすることもできず、行き着くところまで行かざるを得ないという心境になっていたのであろう。

切り捨てられるジュリアーノ

シチリアの政治や社会が一定の落ちつきをみせたとき、ジュリアーノを利用した側にとってかれの必要性はなくなり、むしろ暴露されてはならない重大な秘密をにぎるかれの存在はきわめて危険なものとなった。また、ジュリアーノは、特赦による無罪放免という約束が何度も空手形に終わり、単に利用されただけであったことにやっと気がつき、かれを操った人間に約束の履行をせまりはじめた。それらの人間は、ジュリアーノを消すことによって自分たちの身の安全をはかろうという動きを開始する。ジュリアーノを警察に仲介したサント・フレーレスがそのダーティな役をつとめることになった。

一人の人間を利用し尽くし、最後には消すという手口は、いうなればマフィアの最も得意とする常套手段であった。まず独立運動において山賊以外のなにものでもない行動をもって義勇軍をでっち上げるために、続いてより単純に農民の攻撃から大土地所有制を守るためにジュリアーノを利用し、そして必要がなくなったら、マフィアはかれを切り捨てようとしたのである。

そのようなケースを何度もみてきたジュリアーノは、かれの動物的ともいえる嗅覚でその動きをすばやく察知した。かれの反撃はすばやかった。まずサント・フレーレスを血祭にあげ、マフィアやキリスト教民主党の人間を次々に殺していった。ジュリアーノの行動はきわめて巧妙に計算されたものであった。まず小物を消して大物を恐怖におとしいれ、続いて大物に対する攻撃を告知する。それは永遠の願いである無罪放免という約束を履行させようというかれの切羽つまった焦りでもあった。

一九四九年八月、公用でローマから選挙区のカステラマーレ・デル・ゴルフォに戻っていた、当時運輸大臣次官マッタレーラの誘拐の情報を意図的に流した。事実、ジュリアーノは誘拐作戦を立てたが、失敗に終わった。モンレアーレの大司教フィリッピは、かれの家でマフィアの人間も出席した会議が開かれた時に、ジュリアーノを警察に売りわたす共謀に加わったとして誘拐の対象の一人となった。フィリッピ大司教は数ヵ月にわたって家にとじこもり、その難をのがれた。

ジュリアーノの脅迫・威嚇は恐れを知らずというよりも無謀といえるもので、マフィアの大ボス、ドン・カーロにもおよんだ。危険を察したドン・カーロは、完全武装の部下を配置したパレルモのホテルに隠れて数週間を過ごさねばならなかった。急用でヴィッラルバに戻らねばならなくなったドン・カーロは、ジュリアーノの襲撃を恐れてトラックの荷台に積まれた野菜カゴに身を隠すという、マフィアの大ボスとしてはまさに屈辱を強いられた。ジュリアーノの行動はすべて失敗に終わり、かれらから永遠の約束も引き出せないまま、ますます窮地に追いつめられていった。結局、ジュリアーノを追いつめたのはマフィアでも武装した警察部隊でもなかった。

ファシズム時代にバルカン半島での長年にわたる諜報活動の経験をもち、アナトリアのロレンスと呼ばれたカラビニエーレのルカ警視正は、マフィアの協力を得て、ジュリアーノから部下や友人を一人ずつ切り離していく方法をとった。ジュリアーノが長期間にわたって、いうなれば野放しの状態に置かれた原因のひとつに、警察との馴合いの関係があったことはすでに指摘した。実はこのことに加えて、イタリアの複雑な警察組織も大きく影響していた。内務省に属する公安警察と国防省に属するカラビニエーレ（憲兵）は、山賊一掃作戦で協力関係を作り出せずに、互いに足を引っ張りあう対立関係にあった。このことはヴィテ

ドン・カーロが隠れたホテル「ソーレ」

ルボの裁判でも明らかにされた。公安警察の山賊一掃作戦の陣頭に立つヴェルディアーニ警視正は、ポルテッラ・デルラ・ジネストラ事件の全責任を引き受け、その教唆者の存在を否定する声明文を書くこととの引きかえに、海外に脱出させるという取引をジュリアーノとおこなっていた。ジュリアーノはチュニスへの国外脱出の手はずが整うのを、パレルモの南、カステルヴェトラーノのマフィアの人間で、弁護士のデ・マリーアの家で待っていた。

他方、カラビニエーレのルカ警視正は、ジュリアーノのいとこで片腕でもあり、そしていまや最後の一人となった部下であるピッショッタに、偽名のパスポートと五〇〇〇万リラと引きかえに、ジュリアーノを裏切らせる工作を進めていた。

ジュリアーノの死

一九五〇年七月一四日の夜、ピッショッタはジュリアーノの隠れ家を訪れた。ピッショッタの裏切りに気づいていたジュリアーノは、かれと長い時間をかけて話し合った。しゃべりつかれてベッドに横になり、寝入ったジュリアーノを、ピッショッタはピストルで撃った。夜もしらじらと明けるころであった。近くで待機していた警察は、銃声を聞くやただちにかけつけ、左の胸の下に二発の弾丸を受けてすでにこときれているジュリアーノを家の中庭に引きずり出し、死体に向かって機関銃を発射した。だが、死体から出る血が少なく、鶏の首を切って血の不足をおぎなった。その工作は瞬間的に、慌てておこなわれただけに、血が地面の低い方ではなく高い方に向かって流れるようなミスをしてしまった。なぜこのような工作がおこなわれたのか。それは、ジュリアーノの死は部下の裏切りではなく、警官との銃撃戦によるものとするためであった。ジュリアーノの死についての内務大臣シェルバの公式発表は、「長い追跡ののち、ジュリアーノは警察との銃撃戦で死亡した」というものであった。それは、マフィアの協力を得て自分が殺したというピッショッタの証言とはまったく食い違っていた。

ジュリアーノの死体

　裏切り者の末路は常に哀れである。ピッショッタもその例外ではない。裏切りの報酬

逮捕されたピッショッタ

を得ないまま、警察の協力者ピッショッタは突然逮捕され、中部イタリアのヴィテルボに身柄を移された。裁判でのピッショッタの証言のひとつひとつは、戦後イタリアの暗い部分で生きたジュリアーノのすべてを知りえた人物のものであっただけに、大きな関心を集めた。同時に、その証言によって真実が暴露されることを極度に恐れる人間もいた。その証言のひとつである「われわれ山賊と警察とマフィアは、父と子と聖霊のように三位一体でした」というピッショッタの言葉は、ポルテッラ・ジネストラ事件を含むジュリアーノの行動を見事に表現したものであった。

ピッショッタは重労働をともなう終身刑という最も重い判決を受け、一九五一年にパレルモのマフィアの支配する悪名高いウッチアルドーネ刑務所に移された。ピッショッタはマフィアの暗殺を恐れて独房を要求し、そこで同じく収監されていた父親と生活した。食事の毒味は欠かさなかった。コーヒーだけは独房で自分がいれた。一九五四年二月九日、父親と自分のコーヒーをいれようとした時、監視穴から監視の一人がのぞいた。かれの分とともに、三つのカップにコーヒーを注いだ。そのひとつを飲んだピッショッタは、一瞬のうちに痙攣を起こし、倒れて死んだ。ピッショッタのカップだけにストリキニーネが盛られていた。ストリキニーネは二〇〇ミリグラムで四〇匹の犬を殺せる猛毒である。ピッショッタの遺体が病院に運ばれる間に、カップもコーヒーメーカーも消えてなくなった。もちろん毒を盛った人間もあがらなかった。ピッショッタ殺しは、今日でもマフィアの殺人の傑作のひとつとされている。

ヴィテルボの裁判ですべてを話し尽くせなかったピッショッタは、パレルモ検察長官に、ジュリアーノ山賊団と接触をもったマフィアの人間、政治家についての陳述を申し入れていた。それが認められて、かれが検察長官をたずねる数時間前に殺された。その時、ヴィテルボの裁判で、かれがポルテッラ・デルラ・ジネストラ事件の教唆者の一人として名前をあげ、逃走中にローマでも直接会ったと述べたマーリオ・シエルバは、イタリア首相の座に就いていた。

第五章　企業家としてのマフィア

1　大土地所有制は死に、マフィアは生き残った

ナヴァーラとリッジオの抗争

戦後、シチリアにとって決定的な意味をもつ二つの改革がおこなわれた。ひとつは、シチリアが特別自治州として認められ、その結果イタリアの内政が中央集権的なものから地方分権的なものに変化したことである。二つには、一九四七年以降の未耕作地を要求する農民運動を継承する農地改革による大土地所有制の廃止である。このことは、シチリアの中心問題が大土地所有制ではなくなり、都市化と工業化とにかかわる問題になったことをも意味する。一九五〇年から一九六〇年にかけて、シチリアはこの二つの改革を背景にイタリアの経済発展と連動する方向で、農業経済から工業、サーヴィス業を中心とする都市経済へとドラスティックな転換を示すことにな

る。

農村社会では、大土地所有制の廃止にともなって中小の企業的農業経営者が多く生まれた。たしかに、マフィアを生み、そして大きく発展させた土壌である大土地所有制が廃止されたけれども、マフィア自体は生き残った。しかし、マフィアもまた、シチリアの社会・経済の構造的変化にともなって、その活動の場を農村から都市へと移し、本来の「封土のマフィア」の特質を失っていき、都市マフィアと呼ばれるまったく異質なものへと変貌していった。

パレルモ市街に建てられたアパート

伝統的な「封土のマフィア」と新興の都市マフィアの対立・抗争は、当然起こるべくして起こった。その最も典型的な例が、コルレオーネのナヴァーラとリッジオの抗争である。この抗争は、戦後のマフィアの変質過程をみごとに物語るものでもある。

ナヴァーラの職業は、多くのマフィアがガベロットないし農地監視人であったのと異なり、医者であった。かれはコルレオーネのマフィアのボスとして、また医者として尊敬を集めていた。洗礼式、堅信式、結婚式などで代父をつとめ、コルレオーネの住民に精神的影響力をおよぼしていた。歴史的マフィアの典型的人物であったナヴァーラは、住民や友人の面倒をよく見て恩恵と庇護の関係をつくっていた。このような関係を基盤に、選挙においてキリスト教民主党の候補者を支持し、積極的な応援をおこなった。前述した、内務大臣から首相となったシェルバは、ナヴァーラの刎頸《ふんけい》の友であった。

一九五一年、ナヴァーラはマフィアの人間として強制居住指定が科せられたが、このようなキリスト教民主党の国会議員との緊密な関係によって、なんとわずか二四時間でそれが解かれ、コルレオーネに戻った。その後、ナヴァーラはマフィアの家族の子弟をキリスト教民主党の青年組織「アッィオーネ・カットーリカ」(カトリック教会の影響を強く受けた組織で、キリスト教にもとづく活動の意味をもつ)に半強制的に加入させるなど政治との癒着を強め、コルレオーネのみならず、シチリアの農村社会をマフィアの意のままに動かそうと考えていた。ナヴァーラは戦後シチリアの社会・経済の構造的変化にともなってマフィア自体が変質をとげつつあることを認識できず、前世紀に政治との癒着において確立された往年のマフィア王国の再来を夢みていた。

そのマフィアの変質が、絶対的支配権を確立したとかれが信じていた足元のコルレオーネで進行していたのに気がつかなかった。土地を要求する農民の運動が高まった一九四四年から一九四八年にかけて、コルレオーネでは一五三人が殺された。それは一二日に一人の割合で殺人が起こったことになる。殺された者の中には未耕作地を占拠した農民、ガベロットに譲歩しようとしない地主、農民運動を指導する者などがいた。社会党員で農民運動の指導者であったリッツォットは、一九四八年三月、家に戻る途中に忽然と姿を消した。かれが暗殺されたこと、そしてその下手人の名前も、姿を消した時点でコルレオーネの住民は知っていた。

その下手人の名前は、当時二〇歳のリッジオであった。大胆かつ冷血なマフィアとしてコルレオーネの住民から恐れられていた青年であった。かれは家畜窃盗のベテランで盗んだ山羊、羊、馬を近くの森に隠し、密殺してパレルモの市場に売り、利益をあげていた。「悪漢」として名をはせたリッジオは、地主を脅迫し、自分のいうとおりの契約を結んでガベロットとなった。当時シチリアで最も若い二〇歳のガベロットと呼ばれた。脅迫に屈しない地主や農民のロバやラバの喉がかき切られ、干し草置き場に火がつけられた。その犯人がリッジオであることを知っていても、恐怖から誰も告発しなかった。農民運動の指導者リッツォットだけが、勇敢にリッジオとその仲間

銃弾を浴びたナヴァーラの車

を告発するように農民に訴えた。リッツォットの死体は「マフィアの墓場」と呼ばれることになる、コルレオーネの町を見下ろすブサンブラ山の深さ七〇メートルの山の裂け目に投げ込まれていた。遺体を引き上げるために呼ばれたパレルモの消防士は、その裂け目の中に、リッツォット以外に数多くの骨と化したマフィアの犠牲者を発見した。遺体を隠すということは、予想される復讐を避けるというものであった。

リッジオはその後も逮捕されることなく自由に、家畜窃盗をはじめとして数々の犯罪行為を続けていた。そのうち、かれは二台のトラックを購入し、運送会社を設立した。盗んで密殺した家畜の肉をパレルモの市場に送るためと、当時巨額の資金を投入して開始された土地開墾事業の資材運送を独占するのが目的であった。このようなリッジオの活動に対して、ナヴァーラは反感と恐れを抱くようになる。それを決定的にしたのは新しく計画された用水ダム建設をめぐってであった。ナヴァーラに代表される伝統的マフィアは、農村社会で水源をおさえて農地への水の配分によって利益をあげてきただけに、用水ダムの建設はその利権を失うものとして反対した。他方、リッジオに代表される新興マフィアはその用水ダム建設の請負工事で見込まれる莫大な利益をあてこんで、それに賛成した。その対立の背景には、尊敬と名誉を重んじる「古い」伝統的マフィアと、力をもって富だけを求める「新しい」新興マフィアの抜き差しならない確執があった。この対立は血による解決しかなかった。

一九五八年一〇月、農村の医療巡回を終えてコルレオーネに戻る途中、ナヴァーラの乗った車は曲がり角の道の真ん中に止まっていた小型トラックに衝突して止まった。小型トラックと、ナヴァーラの車に接近して止まった車から出てきた機関銃をもった男たちによって、ナヴァーラの車は蜂の巣のように銃弾を浴びた。ナヴァーラは死んだ。その事件の数週間後、リッジオとその仲間は、コルレオーネの町の真ん中で、ナヴァーラの友人で、古いマフィアの人間五人を殺害した。コルレオーネの古いマフィアと新しいマフィアの対立は、後者が前者を血でもって制することで終わった。

教会の扉にはられたドン・カーロを讃える紙

新旧マフィア

この時期は、古いマフィアの世代交替の時期でもあった。一九五四年七月一二日、半世紀にわたってシチリア・マフィアを牛耳《ぎゅうじ》ってきた大親分、ドン・カーロが死んだ。その葬儀には、政治家、高位聖職者、シチリア全土から来たマフィアのボスらが集まった。その日、ヴィッラルバの教会の扉に、ドン・カーロを讃える大きな紙がはられた。

カロジェロ・ヴィッツィーニ

天才的な手腕でもって

莫大な富を築いた。
思慮深く、力強く、疲れを知らず、
農民、硫黄鉱山の労働者に常に善をほどこし、しあわせをもたらした。
イタリアおよび外国でも
かれは大いなる名声をえた。
迫害にも屈せず
逆境にもめげず
つねに快活さを失わなかった。
そしていま、
キリストの安息を与えられ、
荘厳な死のなかで、
友人からも敵からも等しく
もっともすばらしい讃辞をうける
かれは紳士であった。

ドン・カーロの遺体の傍のジェンコ・ルッソ

跡目を継いだジェンコ・ルッソ

ドン・カーロの跡目を継いだのはジェンコ・ルッソであった。かれは権力の移行を印す儀式として死者ドン・カーロの額に接吻し、棺から垂れる金糸で飾られた一本の綱を心臓側の手、つまり左手に握った。

ジェンコ・ルッソは伝統的マフィアと新興マフィアの二つの異質なマフィアの橋渡しをする代表的人物である。かれは一八九三年一月、カルタニセッタのムッスメーリに生まれた。シチリアのほぼ中央に位置するこの村は、一四世紀にその起源をさかのぼる、現在は人口約一万五〇〇〇人の農業を中心とする小さな村である。五人兄弟の三番目であったかれは、小学校五年まで通ったといわれる。しかし、当時のシチリア農村部の子供がそうであったように、子供のころから父親と畑仕事に出て学校に通うことは少なく、ほとんど読み書きができなかった。かれの家族はシチリア農村社会の最底辺に位置し、極貧の生活を送っていた。

青年時代のジェンコ・ルッソは、かれの同郷人の証言によれば、日雇い農業労働者あるいは大土地所有地の羊飼いとして働いていたが、「ほとんどすかんぴんであった」。一九一二年、ジェンコ・ルッソはパレルモの砲兵隊に入隊し、一九一八年に伍長で除隊している。兵役時代の仲間の一人は「反抗的で訓練に耐えられなかった」と証言しているが、マフィアとなるかれの性格の片鱗をその時すでに示していたといえる。

第一次世界大戦後の社会混乱の時代にかれは家畜窃盗団にくわわり、しだいに羽振りも良くなった。一九二一年に家畜窃盗の罪で逮捕されるが、証拠不十分で釈放された。ところで、獄中生活は、マフィアにおいて一種の通過儀礼的意味をもった。それによってマフィアとしての権威と名誉が付与されたのである。青天白日の身となったジェンコ・ルッソは、一人前の名誉ある人間として気前よく札びらを切り、経済的・社会的ステイタスを得ることになる。

第一次世界大戦後のかれの活動で特徴的なのは、復員軍人協会や傷痍軍人協会を活用して利益をあげたことである。これらの組織は、当時ガベロットとして契約を結んでいたムッスメーリのトラビア公所有の農地の払い下げを要求していた。ジェンコ・

ルッソはその払い下げによってガベロットとしての収入源を失うことを恐れて、地主とその組織の仲介者として暗躍し、長期小作契約でそれに決着をつけた。

このような活動を通じてジェンコ・ルッソはムッスメーリのマフィアの地位を着々と固めていった。その地位をより確実に、そしてマフィアとして公的に認められたのは、マフィアの大ボスであったドン・カーロがかれの次男の名付け親、すなわちゴッドファーザーになったことである。一九三三年、ファシズムの厳しいマフィア弾圧の時期に、ドン・カーロはジェンコ・ルッソの家を訪れ、ゴッドファーザーとして命名式に立ち会った。ここに両者のマフィアとしての固い絆が結ばれた。

ファシズム体制下では、かれは開墾事業団の副理事長におさまり、マフィア撲滅の嵐がすぎ去るのを息をひそめて待った。第二次世界大戦後、かれはドン・カーロが最も信頼する配下の一人として連合軍のシチリア上陸、占領政策に大きく貢献し、農民運動に力で対抗して古くからのマフィアの利権を保持・拡大した。かれは占領軍への供給物資、民衆の生活必需品である小麦粉やオリーヴ油の闇取引で、「千の口をもったヒルのようにシチリアの生き血を吸い上げ」て、莫大な収益をあげた。大土地所有地の未耕作地の払い下げを要求する農民組合に対抗して暴力を使って農民を脅迫し、その組合を解散させた。それにかわって自ら組織する組合の中に農民を参加させ、以前と変わることなく実質的にはそれ以上に農民を搾取した。

このような形で蓄積された資本は、親戚の司祭を理事長にすえていた、設立されたばかりの農業信用金庫に投資され、さらに増大された。シチリアでは聖職者が世俗的な職業を兼業することは驚くべきことではなく、マフィアと手を組んで土地を売買し、高利貸しをおこなうことも決して稀ではなかった。

シチリア独立運動に加わり、山賊ジュリアーノを陰で操り、そしてキリスト教民主党支持といったジェンコ・ルッソの軌跡は、ドン・カーロのそれと完全に軌を一にするものである。かれは、独立運動に加わり、君主制か共和制かを決める国民投票では君主制側に立って精力的な活動を展開し、キリスト教民主党支持に移行し、ムッスメーリのキリスト教民主党支部の支部長となった。

ジェンコ・ルッソがシチリア・マフィアの跡目をドン・カーロから継いだころに、前述したようにマフィアは急激に変質していった。農村社会での土地を媒介とする収益を特徴としていた「封土のマフィア」の活動は、一時に巨額の収益をあげる建築業、運輸業へと活動を変え、企業家としてのマフィアへと変質していった。

ジェンコ・ルッソは、時代や状況の変化もあったが、古いマフィアと新しいマフィアの起こるべくして起こった対立・抗争を、マフィアのボスとして鎮める力に欠けていた。かれ自身も、巨額の利益を一時にあげる企業としてのマフィアに傾斜していき、アメリカ・マフィアとの結合を強めることになる。利権をめぐるマフィア間の戦いが繰り返され、名誉ある社会は崩壊へと進んでいった。血で血を洗う抗争で死んだ者を葬る教会の鐘が毎日のように鳴り響き、パレルモ、トラーパニ、アグリジェント、カルタニセッタの四県は、「アヴェ・マリアの県」と呼ばれさえした。

このような無政府状況に対処するために、この四県はマフィアのボス、あるいはボスと推定される人物を、犯罪の予防的措置として強制勾留することを決定した。その中に含まれたジェンコ・ルッソは、一九六四年二月、北イタリアの小村ロヴェーレのホテルに強制勾留された。勾留中のジェンコ・ルッソはインタヴューをした新聞記者に次のように答えた。「私は老人だ。貧しい老人だ。マフィア？　それは存在したこともない」。五年後、故郷ムッスメーリに戻った時、往年の名誉あるマフィアの面影はなかった。

戦後マフィアが、「封土のマフィア」の特徴を失い、ギャングに等しい犯罪組織へと急速に変わった要因には、大土地所有制の廃止にともなうシチリアの社会・経済構造の変化やイタリア経済の発展といったものの他に、アメリカ・マフィアとの間に形成されていく緊密な関係と、それによるマフィアの活動の広がりと多様化という問題があった。

2　シチリア・マフィアと「コーザ・ノストラ」の連携

一九五七年のトップ会議

いわゆるアメリカ・マフィアは、最初「マーノ・ネーラ」、続いて「コーザ・ノストラ」という呼び方がされる。この二つは連続性をもち、同一のものと考えられるが、区別することはむずかしい。また、名前の変化があった時期、その理由も明らかでない。ただ、この二つにははっきりとした違いがある。「マーノ・ネーラ」を代表したのはマッセリーア一家とマランザーノ一家であった。この組織は一九二〇年代の禁酒法時代に密造酒や闇取引で莫大な利益をあげ、その後の発展の基礎をきずいた。

だが、縄張りをめぐって組織間で戦争とも呼ばれる内部抗争が続いた。その代表的な事件が一九二九年二月一四日の「セント・ヴァレンタインの虐殺」と呼ばれるものである。シカゴで、アル・カポネはジョージ・モラン一味を機関銃で虐殺した。このような組織内部の抗争に決着をつけるために、ルチアーノの提案で、新しい組織「コーザ・ノストラ」という組織連合が成立したといわれる。ただ、これも定かではない。「コーザ・ノストラ」は縄張りごとに存在するファミリーから成り立っている。このファミリーのボスはそれぞれまったく対等な立場にある。そのファミリーの代表的なものにガンビーノ一家、ボンナンノ一家、ジェノヴェージ一家がある。このファミリーに相当するのがシチリア・マフィアのコスカである。

「コーザ・ノストラ」には「法」と呼ばれる行動規範がある。それはシチリア・マフィアの掟《おきて》に相当する。ボスの命令に対する絶対服従、組織について外部にもらさない、仲間間の援助と保護といったものである。このような「法」の他に、組織を裏切った者には死という処罰もあった。

「コーザ・ノストラ」の活動範囲は競馬賭博、ビリヤード、恐喝、ゆすり、博打《ばくち》、売春、ポルノ産業、麻薬などであった。このような商売から金を毎日吸い上げていくのである。最近では営業の間口を広げ、放火による保険金詐欺、資本にものをいわせた株価操作による企業乗っ取り、カジノ経営への進出をおこなうようになった。営業活動拡大による収入を脱税するという手口も使っている。こうやって、「コーザ・ノストラ」が手にする「かせぎ」はゼネラル・モーターズの年間売上げ実績をしのぎ、六〇〇億ドルにのぼったとさえいわれた。

「マーノ・ネーラ」から「コーザ・ノストラ」への変化は、時期的かつ内容的にシチリア・マフィアの歴史的マフィアから企業家としてのマフィアへの変化と同じである。この両者の内部に生じた変化と並行して、二つの組織はそれまで以上に緊密な関係を結ぶことになる。それは一九五七年一〇月中旬、パレルモの高級ホテル「パルメ」で開かれたシチリア・マフィアと「コーザ・ノストラ」のトップ会議であった。この会議の中心メンバーは、ニューヨークのビッグであるボンナンノ、戦後アメリカから国外追放されナポリに住んでいたルチアーノ、シチリア・マフィアの大ボスであるジェンコ・ルッソである。

この会議の主要テーマは、当時麻薬取引で勢力を拡大していたマルセーユに根拠地を置くフレンチ・コネクションに対抗して、パレルモからアメリカ、ヨーロッパ諸国への麻薬密輸ルートを確立することであった。この会議を境に、それまでマルセーユで精製された麻薬をアメリカに送る中継地であったパレルモは、地中海に張りめぐらされた密輸タバコのルートを利用して、中東で仕入れたモルヒネを精製してヘロインとし、それをアメリカに送る麻薬精製地となった。一九七九年ごろに、シチリア全土に約一四の秘密のヘロイン精製工場があったとされる。

そのヘロインは里帰りしたシチリア系アメリカ人のトランクを利用したり、輸出のオリーヴ油の缶を使ったりして、年間三〜四トンにのぼる量がアメリカに送られた。

その代金はひとつの例としてスイスの銀行にドルで預金された後、同銀行から預金と同額の融資をリラで受けた。ただ、その貸付金は永久に支払われずドルの預金で相殺された。この過程で、麻薬取引で汚れたドルは「アルプスの雪であらわれて」、合法的できれいなリラに変わった。

ルチアーノとカモルラの接近

「封土のマフィア」が「企業家のマフィア」へと変質していく過程で、ルチアーノの存在はきわめて重要である。一九三〇年代のアメリカのシチリア人社会そして「マーノ・ネーラ」で、かれは卑下され、軽蔑される存在であった。それというのも、それまでマフィアの誰も手をつけなかった麻薬と売春に、かれが活動範囲を広げたからであった。その人物が、連合軍のシチリア上陸の陰の功労者として釈放され、アメリカを追放され、ブーメランのように戦後イタリアに舞い戻ってきた。かれは、「友人」たちの待つパレルモではなくナポリに居をかまえ、スカラ座のバレリーナを愛人にして競馬に熱中する優雅な生活を始めた。

警察の監視下に置かれたナポリのルチアーノは、医療器具や家庭用電気製品をあきなう一人の商人であった。だが、それはあくまで表の顔で、裏ではナポリの犯罪組織であるカモルラと緊密な関係をむすび、マルセーユ、コルシカを舞台にタバコの密輸や麻薬取引で莫大な利益をあげていた。

カモルラは、ナポリを拠点とする都市型の犯罪組織である。その起源は、フランス革命の影響の下で樹立されたパルテノペーア共和国の時期に、刑務所を脱獄した人間による反革命組織として、ブルボン王家のバック・アップがあって急速に発展した、といわれる。この組織は、非中心的なマフィアと異なり、中央集権的・ヒエラルキー的な組織編成を有していた。

ルチアーノがカモルラと緊密な関係を結ぶまで、マフィアはそれに対してまったく無視といってよいほどの態度をとってきた。その理由は、両者の発生基盤の根本的な違い、価値観の相違といったことにあった。

マフィアのボスは、家の入口近くの壁に凹みを作り、そこに守護聖人やマドンナをまつり、灯明や花をあげ、毎年一回近所の者を招いてミサをおこなった。地主は、自分の敷地の中に小さな教会を立て、農地監視人にそれを管理させた。農地監視人は、農業年の初めに農民から寄付を少しずつ集め、主人の繁栄を願う祭をその教会でおこなった。それ自体は形式的なものであったが、そのような行事を通じて農民の主人や農地監視人に対する尊敬の念を高める効果を生むことになった。

マフィア、あるいはマフィアを生んだシチリアの農村共同体的社会にみられる宗教心に対して、カモルラはナポリの街角に作られたマドンナをまつる祠《ほこら》に献納された貧者の一灯をもかすめとり、それを自分たちの飲み食い、悪事に使った。カモルラは、妻や愛人を教会で口銭を集めるために使い、未成年の子供にまで売春を強制した。このような行動は、「名誉ある社会」の原理に反するものであり、「名誉ある人間」としては許すべからざることであった。

マフィアの人間、マフィオーゾと、カモルラの人間、カモリスタには、立居ふるまい、行動においても明らかな相違がみられる。マフィオーゾは口数も少なく、控え目な行動をとるのに対して、カモリスタは自分を誇示し、指輪などの装身具やはでな色のネクタイで飾り立てた。マフィオーゾによれば、小悪党や無頼漢からなる犯罪組織であるカモルラの人間、カモリスタは軽蔑の対象にすぎなかった。その例として、ドン・ヴィートは、ペトロジーノ刑事が「マーノ・ネーラ」とマフィアの関係を調査するためにパレルモに派遣されたことを知らせようとしたカモリスタに会おうとしなかった。

しかし時代は変わった。マフィアも変質した。ルチアーノが結んだカモルラとの協力関係をドン・カーロも受け入れた。この時から、カモルラも大きく変わることになる。ナポリの犯罪組織であったカモルラは、ルチアーノが作り出したフランス人、コルシカ人とのコネクションを利用してタバコの密輸、麻薬取引を中心とする活動をおこないながら、アメリカ、カナダのビッグ・ボスと手を組むほどに発展していった。

若いボスたちの登場

ルチアーノがナポリを拠点に麻薬取引を中心に活動を開始した時期に、パレルモでは新しい若いマフィアが登場していた。それが、グレコ、ラ・バルベーラ、リッジオ、ブシェッタといった、その当時新聞紙上をにぎわしている面々である。

古いマフィアのボスは冷静に、効果的にことに関与する以外は、ほとんど口を出さなかった。かれらが口を出す時にはきわめて重みがあった。かれらは、もし必要とあれば自分が乗り出す状況を自ら作った上で登場した。だが、その場合も脅迫をおこなうのではなく、あくまでも助言であった。銃を使うことにも、非常に慎重であった。かれらにとって、殺人や暴力は権威や威厳の弱さにつながるもので、それ以前に自分の存在そのものでことを解決することを望んだ。それだけに、十分な権威を備えたボスとなるには、時間を必要とした。少なくとも五〇歳は超えていなければならなかった。そうした権威にもとづいて、「友人の友人」である候補者を選挙で応援し、「友人」に対する仁義を果たすことができたのである。

ところが、新しいマフィアのボスの年齢は、平均三〇〜三五歳と若かった。かれらは、それまで絶対的なものであった古いボスの統制を無視し、マフィアの掟にそむき、それぞれ勝手な行動をおこなうようになった。ルチアーノは、麻薬取引に経験のない、それでいて絶対的な権威をもつ古いマフィアを排除する方針をとった。もちろん、麻薬取引はきわめて限られた信頼の置ける身内の人間にまかされたが、タバコの密輸は登場したばかりの威勢のいい新しいマフィアを使っておこなった。かれらは、配下を使って、街角、市場、駅前などで公然と密輸タバコを販売した。

新興マフィアは、古いマフィアの統制を無視して登場しただけに、いったんかれらの間で対立・抗争が生じると、歯止めがきかなかった。グレコ一家とラ・バルベーラ一家の抗争は仁義なき戦いへと発展し、マフィアの伝統的武器であったルパラにとってかわった自動小銃による流血事件が続いた。その抗争の原因は、市場の縄張りや建築の入札にかかわるものであった。

マフィアと政治の新しい癒着

新興マフィアが台頭し始めた一九五〇年代のシチリアの地方政治において、前述したキリスト教民主党に接近したマフィアと政治の新しい癒着の形態がみられるようになった。

一九五四年にデ・ガスペリが亡くなった後、キリスト教民主党の中でリーダーシップをとったのがファンファーニであった。シチリアのキリスト教民主党の中で、人民党や教会の影響から抜けだした若い世代のグループはファンファーニ派を積極的に支持した。その代表的人物がジョイア、リーマなどである。かれらは、「マフィアから解放された民主的シチリア」というスローガンをかかげて選挙を戦い、一九五五年の州議会選挙では、キリスト教民主党は三〇から三七に議席を増し、加えてシチリアのキリスト教民主党支部でのファンファーニ派の絶対多数を確実なものとした。

キリスト教民主党のファンファーニ派閥を全国レヴェルでみた場合、その三分の一がシチリア出身であったことを考えれば、その派閥がいかにシチリアに大きく依存していたかということがわかる。いうなれば、ファンファーニ派閥は、キリスト教民主党全国大会で、シチリアの若い世代のグループを欠いては絶対多数を獲得することができなかった。このシチリア・グループに守られたファンファーニ派閥は、シチリアの州・県・市・町・村といったそれぞれのレヴェルにおいて、党内でのその勢力を確実なものにするために、古くからの恩恵と庇護の関係を十分活用した。公共機関をおさえることは、そのことによってさまざまな利権を一手に掌握することにもつながっただけに、かれらの政治活動の中心となった。その結果、試験を受けずに縁故によって地方公共機関や銀行などに就職した者が幅を利かすことになる。保守政治家は勢力を拡大しようとして、公的には「マフィアから解放された民主的シチリア」を宣言しながら、古くて、新しいマフィアと政治の癒着という構造を確立していった。

パンタレオーネは、『マフィアと政治』の中で、マフィアと政治の腐敗した関係をもつ人物としてジョイアの名をあげた。ジョイアは、著者パンタレオーネとエイナウディ出版社を名誉毀損で告訴した。ところが、法廷に立ったカンポレアーレのボスのサッコは、ジョイアを介して甥をシチリア銀行に縁故で就職させることと引きかえに、キリスト教民主党に入党したことを証言した。その結果、パンタレオーネとエイナウディ出版社は無罪となったが、逆に告訴したジョイアはそのマフィアとの黒い疑惑をさらけ出すことになり、かえって不利な立場に立たされることとなった。まさに、ジョイアこそ、一九五〇年代のシチリアのキリスト教民主党員の典型であった。

一九六二年に縁故による公共機関への就職は禁止されたが、それにかわって新しい手口が考えられた。それは非常勤のパート・タイマーとして、試験を受けずに公共機関につとめるというものであった。たとえパート・タイマーであったとしても、いったん職場を得た者を解雇することはきわめてむずかしかっただけに、その数は急増していった。一九七〇年の調査によれば、そのような雇用契約の者で、月に一回、給料日にだけ出勤する者が七〇〇人にものぼる公共機関の存在が明らかにされている。

キリスト教民主党の公共機関への勢力拡大の方法は、縁故人事にとどまるものではなかった。もうひとつのキリスト教民主党の財源および票田となったのが、公共事業の入札や建築許可にまつわる建設業との癒着であった。戦争中の爆撃で家を失った人、一九五一年から一九六一年の一〇年間に約一〇万人も増加した人口、農村から都市への人口流入などによって、パレルモでは住宅問題が深刻化していた。シチリアのファンファーニ派は、この住宅問題に関連して、建築業と密接な関係をもつにいたった。一九五九年から一九六四年にかけてパレルモの公共事業担当評議員をつとめ、その後パレルモ市長となるチャンチミーノは、パレルモのファンファーニ派の中心的人物であった。かれが公共事業担

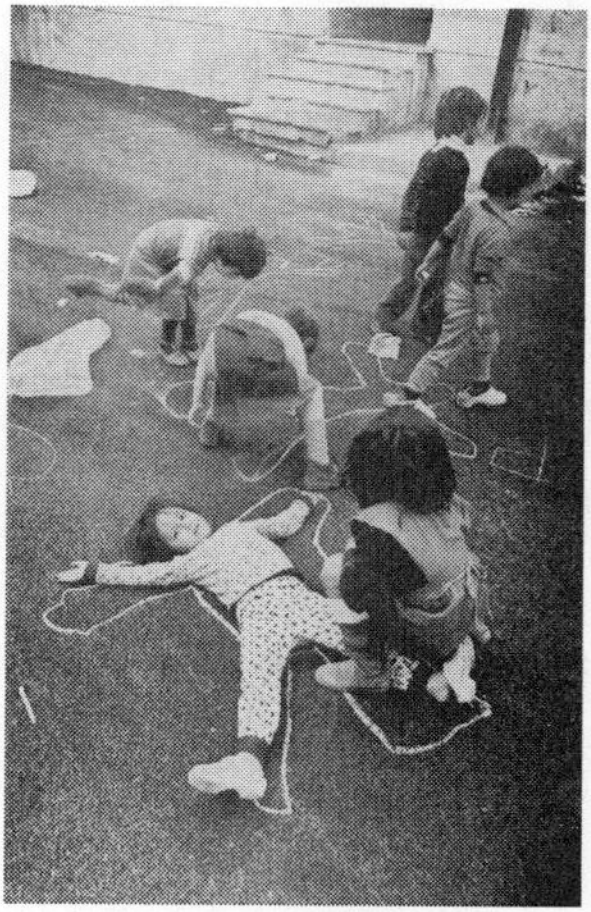

殺人ゴッコをする子供たち

パレルモ市街地の高層アパート
（地下にコンクリートづめにされた遺体があると噂される）

当評議員をつとめた時期に市長であったのがリーマである。このように、国会議員のジョイア、リーマ、チャンチミーノといったファンファーニ派の中心人物は、その公的地位を活用して、パレルモの都市景観を一変するほどの建築ブームの中で、政治資金を蓄積し、マフィアとの関係を強めていった。当時パレルモは、建築の資材や生コンを運ぶトラックで交通渋滞を起こし、セメントの鼻をつく粉塵が町に充満したといわれるほど活況を呈した。マフィアはマフィア以外の建設業者を暴力で入札から排除した。この時に消された者の遺体が、パレルモの市街地に建てられた高層アパートの地下深いコンクリート基盤の中に、永遠に掘り出されることなく数多くねむっているといわれる。

この時期に建てられたアパート群は、ほとんど都市計画を考慮せず、安全基準さえも無視したものが多かった。一九六四年の報告によれば、一九五七～六三年にパレルモで交付された四〇二五件の建築許可の八〇％がわずか五人の人物に集中している。このことからわかるように、一九五〇年代後半から一九六〇年代初期の建築ブームにおいて、巨額の富を築いた人間はごく限られていたことが歴然としている。その一人が、チャンチミーノの有力な後援者の一人であったヴァッサーロである。かれは、チャンチミーノとのいわば公然たる癒着によって、短期間のうちにシチリア有数の資産家になった。コルレオーネ出身のチャンチミーノは、同じ町の出身のマフィアのボスであるロッジアとの黒い関係、職権乱用などが広く知れわたっていただけに、一九七〇年にかれがパレルモ市長となった時に、ごうごうたる世論の非難を浴びた。それにもかかわらず、かれは市長の座を固守し、その間にも「友人」たちに便宜をはかり続けた。だが、そのかれも思わぬ事件によって法廷に立たされることになる。

ブシェッタの「告白」

一九八三年一〇月、マフィアのボスのブシェッタがブラジルで逮捕された。かれは、一九五〇年代に登場した新興マフィアの一人で、南・北アメリカ大陸を舞台に広範囲な麻薬取引網をつくり上げた人物である。ブラジルからパレルモに移送されたブシェッタは、警察の尋問に対して、マフィアの組織からはじまってメンバーの名前まで、洗いざらい「告白」し、「懺悔」した。

過去に、マフィアの人間で組織についてしゃべった者にバラキがいる。アメリカ・マフィアのボンナンノ・ファミリーに消されることを恐れたバラキは、アメリカの組織犯罪上院調査委員会において、「コーザ・ノストラ」について証言した。バラキはマフィアとして、いうなればランクの低い配下の一人にすぎなかっただけに、ブシェッタほどの衝撃を組織に与えなかった。ブシェッタの「告白」は、それがマフィアのボスによるものであったこと、またオメルタというマフィアの鉄の掟を誇るとされたシチリア・マフィアによるものであったこと、くわえてその「告白」の内容がマフィアの組織についてだけでなく、それに関係するといわれた人間をも巻き込むに十分な内容であっただけに、センセーショナルな事件へと発展していった。

シチリア・マフィアの伝統に従えば、警察に組織についてもらした者は、いかなる理由にせよ裏切り者として死が待っていた。裏切り者の死体には口に石やコルクの栓がつめ込まれ、金をもらって組織のことを部外者にしゃべった者の死体のポケットにはサボテンが入れられ、見てはならないものを見てしまい、そのことをもらした者は殺され、くりぬかれた目の玉が死体の手ににぎらされているといったことが、シチリア・マフィアの掟に従った一種の儀式としてあった。その儀式は、裏切り者への見せしめとして、マフィアの支配する社会の中で、国の法律以上の重みをもっていた。それだけに、マフィアのボスでもある人間がその掟を破ったという事実は、新興マフィアの活動内容だけでなく、それを支えてきたシチリア社会のサブカルチャーとしての精神構造さえも変質したことを示すものであった。

ところで、ブシェッタが警察に組織について「告白」するにいたった背景には次のような状況があった。麻薬取引の主導権やその販売の縄張りをめぐって、バダラメンティというマフィアのボスと手を組んだブシェッタは、「教皇」と呼ばれるマフィアの大ボスであるグレコやコルレオーネのマフィアのボスのロッジアと血で血を洗う対立・抗争を続けていた。その過程で、ブシェッタ側は、相棒のバダラメンティだけでなく、二人の息子や肉親さえも殺されていった。

ブシェッタの「告白」の内容によれば、組織の名前は「コーザ・ノストラ・シチリアーナ」である。その組織の最下部に一〇人ぐらいからなる「兵隊」集団があり、その集団の長が地区の長を選び、地区の長がファミリーの長を選ぶという、ピラミッド型の組織編成である。その頂点に一一名からなる委員会がある。その中でパレルモのファミリーの代表が、会議の招集、他の組織との交渉、会計などの役割をつとめた。

「告白」の中には、マフィアのボスやマフィアと関係をもつ者の名前もあった。その「告白」にもとづいて、三六六通の逮捕状が執行されたが、その中には逃亡中のグレコのものも含まれていた。「告白」であげられた名前の中で唯一の政治家がチャンチミーノである。その結果、かれは、犯罪組織に加わっていること、資産を外国に不法にもち出したことなどで逮捕された。取り調べによって、チャンチミーノの息子がニューヨークの五大ファミリーのボスの一人であるボンナンノと取引があることも明らかとなった。チャンチミーノの取り調べによって、マフィアに対する捜査の手はさらに広がっていった。

イタリアには、ローマ時代に属州で徴税をおこなった徴税請負人という制度が現在も残っている。州政府にかわって税を徴収し、契約にもとづいて一定額の手数料をとるという職業である。この職業は、貧しくて税金を一度に払えない者にとってはありがたい存在であるが、他方税金を肩代わりしたことにより高額の利子が加算されるだけに悪徳高利貸しという印象を民衆に与えている。筆者の知人に斜陽の元貴族がいる。パレルモの中心部にある崩壊しかかった広大な屋敷をもち、それが面する通りには家族の名前がつけられたほど、過去に高名な学者や政治家を出した由緒ある一族である。高額の固定資産税を支払えないその知人に、徴税請負人が目ざとく親切気に近づいて、税を肩代わりしてくれた。それから先は、坂をころがる石のように、担保とした農地、貴重な絵画、別荘などが次々に徴税請負人の手にわたっていった。知人にいま残された財産は、五階建ての屋敷の三フロアーだけである。それさえも借金で手放さねばならないだろうと、知人はすべてあきらめたという表情で語っていた。

その徴税請負人リーノ・サルヴォに、チャンチミーノの取り調べによって、逮捕状が出された。かれは、いとこで同じく徴税請負人イニャツィオ・サルヴォと手を組んで法外な収益をあげていたばかりでなく、飛ぶ鳥をも落とすいきおいのマフィアの大ボス、グレコと密接な関係をもち、政・財界に顔をきかせていた。かれらに対しては、それより一年半前に、パレルモ県裁判所のマフィア犯罪担当のキンニチ判事による捜査によって、グレコ一家との深い関係や徴税請負人として法外な利子をとっていることが明らかにされ、逮捕状が用意されていた。ところが、一九八三年七月、キンニチ判事は、出勤のために家を出ようとした時、入口の近くに停まっていた車に仕掛けられたリモート・コントロールによる爆弾の爆発によって殺された。この事件は、その一ヵ月前に捜索を受けたグレコ一家による報復あるいはサルヴォらの逮捕を事前に察知したマフィアによる先制攻撃とみなされた。さらに、キンニチ判事の日記が発表されるにおよび、司法界とマフィアの癒着も明らかになった。

キンニチ判事暗殺の約一年前、一九八二年九月、パレルモ県知事ダッラ・キエーザ将軍の乗った車がパレルモの中心街を走行中に機関銃で蜂の巣のように撃たれ、将軍と同車していた夫人が殺された。ダッラ・キエーザ将軍は、その事件の四ヵ月前に「マフィア退治」の特命を受けて、知事に就任したばかりであった。かれは、資金の流れを追うことでマフィアと関係をもつ人間を洗い出そうとし、短期間に莫大な財をなしたマフィアのボス、マフィアと癒着がうわさされる政治家の財産調査のために財務警察の動員を財務大臣に認めさせた。その二日後に、ダッラ・キエーザ将軍は殺された。

ダッラ・キエーザ将軍、キンニチ判事の暗殺にみられるように、過去のマフィア捜査で手つかずのところであった政・財界との癒着の部分に手がのびようとするや、あたかも国家への挑戦のように、マフィアは、捜査の最高責任者や司法関係の人間を公然と殺害するに及んだ。政府は、ダッラ・キエーザ将軍暗殺を契機に、棚上げとなっていた反マフィア法を素早く通過させ、マフィアを対象に本腰を入れ始めた。

ブシェッタの「告白」は、マフィアを一網打尽《いちもうだじん》にし、政・財界とマフィアの癒着を明らかにできるまたとない機会を捜査側に提供することになった。しかし、ブシェッタも一筋縄ではいかないマフィアの人間である。子供や肉親を殺したライヴァルとの戦いに嫌気がさして「告白」することになったというかれの言葉を額面どおりに受けとるわけにはいかない。その「告白」は、捜査当局が期待し、かつすでにほとんど解明されていたことにあまりに似すぎているのである。加えて、その「告白」で名前があげられた人物の多くが、かれとライヴァル関係にあるものであった。政治家として唯一名前をあげたチャンチミーノも、かれと対立するコルレオーネのファミリーと「友人」関係にあった。このようなことから、ブシェッタの「告白」は、伝統的マフィアのルールである「靴の中の小石を取り除く」こと、すなわち自分の利害に反する邪魔者を消すという意味があったと考えられる。

マフィアを生む風土

一九八七年一二月、当局側に寝返ったブシェッタの証言にもとづくイタリア史上最大のマフィア裁判で、マフィアのボス一九人を含む三三八人に有罪判決が下された。大ボスのグレコら一九名に無期懲役、他の三一九人に合計二六五五年にのぼる懲役がいいわたされた。この判決は、対マフィア闘争でイタリアを初めて勝利に導いたと評価された。

しかし、マフィアに対する勝利といえるほど状況は甘くない。なぜならマフィアを育てた社会環境は何ひとつ変わっていないからである。ピッチョッティと呼ばれるマフィアの手足となって働く青年は、膨大な数にのぼる失業者からなっている。一九八四年のシチリアの失業者の数は二四万四〇〇〇人にのぼるという。このような失業者がマフィア組織への供給源となっているのである。また、職場を得るにしても、利権がからまった縁故主義がいまだに根強く残っており、有力なコネのない者は、たとえ優秀であったとしても就職の機会はほとんどない。

このような社会状況の改革に対して国家の姿勢は決して積極的なものではない。ダッラ・キエーザ将軍が暗殺された後、かれの長男で社会犯罪学者のナンド・ダッラ・キエーザをはじめとして、多くの新聞が、政府が将軍に十分な権限を与えず、非協力的であったと非難した。イタリア史上最大のマフィア裁判の立役者の一人であるファルコーネ判事も、裁判以後の国の手抜き、怠慢を告発して、辞任した。国のマフィア対策の非積極性、不徹底性は、イタリア統一以来続いているものである。その原因は、イタリアの保守政治がマフィア的風土に大きく依存してきたことに行き着かざるをえない。このような風土に嫌気がさした者は、マフィアをイタリアとは無関係のシチリアの現象として無関心をよそおい、シチリアで生きねばならない者は恐怖から無関心になるか、あきらめをもってその社会に耐えるしかない。シチリア西部の農村地帯の歴史的現象であったマフィアはその後の歴史的環境の中で育まれていき、その特徴を大きく変えた。しかし、それを生み出し、育てたシチリア民衆のメンタリティは変わってはいない。国家や権威に対する不信感を代弁するものとしてマフィアを暗黙のうちに支持する土壌がシチリアにいまだに残っている。そのような土壌がなくならない限り、マフィアをシチリアから根絶することはできない。

主要参考文献

史料および通史

1 *I moti di Palermo del 1866. Verbali della Commissione parlamentare di inchiesta*, Roma, 1981.

2 *La Mafia in Sicilia. L'inchiesta del 1875*, (a cura di S. Carbone e R. Grispo) vol. 1-2, Bologna, 1969.

3 Franchetti-Sonnino, *Inchiesta in Sicilia*, vol. 1-2, Firenze, 1974.

4 *Testo integrale della relazione della commissione parlamentare d'inchiesta sul fenomeno della Mafia*, vol. 1-3, Roma, 1973.

5 *Storia della Sicilia*, vol. 8-9, Napoli, 1977.

6 F. Renda, *Storia della Sicilia dal 1860 al 1970*, vol. 1-3, Palermo, 1984.

個別研究

1 S. Agliano, *Cos'è questa Sicilia*, Siracusa, 1945.

2 P. Alatri, *Lotte politiche in Sicilia sotto il governo della Destra (1866-74)*, Torino, 1954.

3 G. Allessi / M. Pantaleone, *La Mafia*, Catania, 1972.

4 G. Alongi, *La Mafia*, Palermo, 1904.

5 G. Alongi, *La Mafia nei suoi fattori e nelle sue manifestazioni. Studio sulle classi pericolose della Sicilia*, Torino, 1877.
6 P. Arlacchi, *Mafia: contadini e latifondo nella Calabria tradizionale*, Bologna, 1980.
7 P. Arlacchi, *La Mafia imprenditrice*, Bologna, 1983.
8 P. Arlacchi e altri, *Morte di un Generale*, Milano, 1982.
9 S. Attanasio e altri, *Storia di Salvatore Giuliano di Montelepre*, Palermo, 1985.
10 L. Barzini, *The Italians*, New York, 1965.（室伏哲郎・尚子訳『イタリア人』、弘文堂、一九六五年）
11 A. Blok, *The Mafia of a Sicilian Village, 1860-1960*, London, 1974.
12 F. Brancato, *Storia della Sicilia post-unificazione. La Sicilia nel primo ventennio del regno d'Italia*, parte I, Bologna, 1956.
13 F. Chilanti / M. Farinella, *Rapporto sulla Mafia*, Palermo, 1964.
14 N. Colajanni, *Il Regno della Mafia (Dai Borboni ai Sabaudi)*, Roma, 1900.
15 E. D'Alessandro, *Brigantaggio e mafia in Sicilia*, Messina-Firenze, 1959.
16 N. Dalla Chiesa, *Il Potere mafioso*, Milano, 1976.
17 G. De Felice Giuffrida, *Mafia e delinquenza in Sicilia*, Milano, 1900.
18 F. Di Forti, *Per una psicoanalisi della Mafia*, Verona, 1982.
19 D. Dolci, *Inchiesta a Palermo*, Torino, 1957.

20 C. Duggan, *La Mafia durante il Fascismo*, Soveria Mannelli, 1986.
21 G. Falcone, *Rapporto sulla Mafia degli anni '80*, Palermo, 1986.
22 G. Falzone, *Storia della Mafia*, Milano, 1975.
23 G. Fava, *Mafia: da Giuliano a Dalla Chiesa*, Roma, 1984.
24 F. Ferrarotti, *Rapporto sulla Mafia: da costume locale a problema dello sviluppo nazionale*, Napoli, 1978.
25 A. Finocchiaro Aprile, *Il Movimento indipendentista Siciliano*, Palermo, 1966.
26 L. Galuzzo, *Meglio morto: Storia di Salvatore Giuliano*, Palermo, 1985.
27 S. M. Ganci, *Da Crispi a Rudinì. La polemica regionalista (1894-1896)*, Palermo, 1973.
28 S. M. Ganci, *Storia antologica della autonomia sciciliana*, vol. 1-3, Palermo, 1980.
29 H. Hess, *Mafia*, Roma, 1973.
30 E. J. Hobsbawm, *Primitive Rebels*, Manchester, 1959.
31 N. Lewis, *The Honoured Society: The Mafia*, Middlesex, 1972.（大庭忠男訳『マフィアの誕生』、早川書房、一九七二年）
32 G. Loschiavo, *100 Anni di Mafia*, Roma, 1962.
33 S. Lupo, *Blocco agrario e crisi in Sicilia tra le due guerre*, Napoli, 1981.
34 G. Marino, *Movimento contadino e blocco agrario nella Sicilia giolittiana*, Palermo, 1979.
35 G. Marino, *L'Opposizione mafiosa*, Palermo, 1986.

36 G. Marino, *Partiti e lotta di classe in Sicilia*, Bari, 1976.
37 G. Marino, *Socialismo nel latifondo*, Palermo, 1972.
38 G. Marino, *Storia del separatismo siciliano 1943-1947*, Roma, 1979.
39 R. Minna, *Breve Storia della Mafia*, Roma, 1984.
40 G. Mosca, *Uomini e cosa di Sicilia*, Palermo, 1980.
41 L. Notarbartolo, *Il Caso Notarbartolo*, Palermo, 1977.
42 G. Pallotta, *Dizionario strorico della Mafia*, Roma, 1977.
43 M. Pantaleone, *Antimafia — occasione mancata*, Torino, 1969.
44 M. Pantaleone, *L'Industria del Potere*, Bologna, 1972.
45 M. Pantaleone, *Mafia e droga*, Torino, 1966.
46 M. Pantaleone, *Mafia e politica*, Torino, 1978.
47 M. Pantaleone, *Mafia: Pentiti?*, Bologna, 1985.
48 M. Pantaleone, *Il Sasso in Bocca — mafia e "cosa nostra"*, Bologna, 1971.
49 A. Petacco, *Il Prefetto di Ferro*, Milano, 1978.
50 G. Pitre, *Usi e costumi, credenze e pregiudizi del popolo siciliano*, Palermo, 1898.
51 S. Porto, *Mafia e Fascismo — Il Prefetto Mori in Sicilia*, Palermo, 1977.
52 S. Prestifilippo, *Mafia; quarta ondata*, Napoli, 1974.
53 F. Renda, *I Fasci siciliani 1892-94*, Torino, 1977.

54 F. Renda, *Il Movimento contadino in Sicilia*, Bari, 1976.

55 F. Renda, *Socialisti e cattolici in Sicilia 1900-1904*, Roma, 1972.

56 F. Renda, *Una interpretazione della Mafia*, Verona, 1986.

57 F. Romano, *Momenti del Risorgimento in Sicilia*, Messina, 1952.

58 F. Romano, *Storia della Mafia*, Milano, 1966.

59 L. Sciascia, *La Sicilia come metafora*, Milano, 1979.

60 J. e P. Schneider, *Culture and Political Economy in Western Sicily*, New York, 1976.

61 P. Togliatti, *Per la Sicilia*, Verona, 1985.

62 N. Turrisi *Colonna, Cenni sullo stato atttuale della Sicurezza Pubblica in Sicilia*, Palermo, 1864.

63 A. Uccello, *Carcere e Mafia nei canti popolari siciliani*, Bari, 1974.

64 P. Villari, *Le lettere meridionali e altri scritti sulla questione sociale in Italia*, Firenze, 1878.

あとがき

本書は、マフィアを、その発生から発展過程に沿って論じた。時期的には一九世紀中葉から第二次大戦直後のころまでが中心となっている。いうなれば、本書はマフィアの歴史あるいはマフィアをキー・ワードとして近代シチリアの歴史、近代シチリアの世界を描いたものである。

執筆に際して、次の二点を留意したつもりである。第一点は、マフィアと呼ばれる現象は、シチリア民衆の行動規範であり、シチリア民衆のメンタリティの重要な部分を構成するものであるということ。シチリアの民衆の意識の中である場合には肯定的な意味さえもった「歴史的マフィア」とはまったく異なるものへと変貌した現在の国際的な組織犯罪という側面からだけマフィアをとらえようとするならば、シチリアの長い歴史を背景として生まれ、シチリア農村社会のサブカルチャーでもある本来のマフィアの特質を見落とすことになると考えたからである。第二点は、本来行動規範ともいえるものであったマフィア現象が現在の国際的な犯罪組織へと発展したのには、マフィアと政治の関係がきわめて重要な意味をもつということ。この点が他の犯罪組織とマフィアを区別しうる最も重要なものといえるし、この政治との関係が、見落とすことのできないマフィアを育んだ要因のひとつと考えるからである。

マフィアは神の存在と比較されることがある。キリスト教徒にとって、神は存在する。シチリア民衆にとって身近にマフィアは存在する。そして神と同様にマフィアはシチリアの民衆の生活を律している。しかし誰もマフィアの実像をみたとはいわない。また、マフィアは呼吸する空気であり、シチリア人はその空気の中で生きている。空気をつかもうとすることは土台不可能なことである、ともいわれる。

マフィアがそのような現象、存在であるとすれば、部外者にとって、マフィアを理解するのはきわめてむずかしい。ただ、マフィアがシチリア西部の農村地帯に発生した要因、それが国家に挑戦する存在になっていく歴史的経過は、本書で明らかにしたつもりである。このことで、アメリカ・マフィアのイメージに影響を受けたわが国のマフィアの理解に、シチリアの歴史的産物としてのマフィアの本質をくわえることができたのではないかと考えている。

執筆にあたって、イタリア農業史を専門とされる堺憲一氏（東京経済大学）に貴重な資料を貸していただいたばかりでなく、草稿にも目を通していただき、貴重なアドバイスもいただいた。イタリア政治史を専門とされる馬場康雄氏（東京大学）には近代イタリアの複雑な政治システムなどを非常にクリアーに教えていただいた。この場を借りて謝意を表したい。

くわえて、この本が中公新書で出版されるきっかけを作って下さった坂野潤治先生（東京大学）、その橋渡しをしていただいた『中央公論』の宮一穂氏、編集を担当された早川幸彦氏に感謝の意をあらわしたい。

一九八八年八月一日　八王子にて

藤澤房俊

学術文庫版あとがき

本書は、近代イタリア国家形成期のシチリア西部の民衆運動にかかわる研究の、いわば「副産物」であった。その研究のためにシチリア西部の町や村を訪れた。古くからシチリアを特徴づけてきた大土地所有地の「大きさ」を実感するために、想像を絶する広大な農地に立ち、古代ローマのものと思われる陶器の破片を拾った。公文書が保管されている町役場の倉庫には、埃《ほこり》まみれの記録が放り投げられたように山と積まれていた。それに手のつけようもなく、絶望感とともに、その場を立ち去った。ある村では、一九世紀後半の公文書は社会混乱の時期に焼かれ、紛失したとも聞いた。腰を据《す》えた、時間のかかる史料探しを早々に諦め、活字になった記録や先行研究をもとに、研究というのもおこがましい、論文を発表した。

「よそ者」、「部外者」である私の史料探しで、ピアーナ・デリィ・アルバネージ、コルレオーネ、パルティニーコ、モンテレープレ、ヴィッラルバなどの役場の責任者を紹介してくれたのが、パレルモの「徴税事務所」で働いていた知人の女性である。本書でもふれているが、徴税人は破産寸前の没落貴族から日々富を増やす人間まで、それぞれの経済状況を詳細に知りうる立場にある。その仕事を通じて、彼女は「マフィアと呼ばれる人」も熟知していた。その人を訪ねた時のことについては、本書には記さなかった。近代シチリアの「歴史的産物」としてのマフィアという本書の目的にそぐわないと考えたこと、また、ルポルタージュにしたくなかったからである。

二十数年前のことであるが、忘れがたい思い出を記しておこう。パレルモから車で一時間ほどの、ミジリメーリという農村の「マフィアと呼ばれる人」を訪ねた。パレルモから近いこともあって、イタリア統一から五年後にパレルモで起こった「セッテ・エ・メッゾの反乱」に多くの農民が参加したところである。「マフィアと呼ばれる人」は、決して目が笑わず、寡黙であった。握手をした手は節くれだっていた。「マフィアとはなんですか」という、ありきたりのしかし本質的な私の質問に、その人は重々しい口調で、次のように答えた。「マフィアなんて存在しない。ジャーナリズムがつけた名前だ。ただ、マフィア的な人間、つまり尊敬される人間、尊敬に値する人間はいる」。その返答は、それまでに読んだり、聞いたりしたものとおなじであった。共同体の掟《おきて》を破った者を消すさいに、マフィアが使うという、弾に条痕《じょうこん》が残らない、散弾銃、いわゆるルパラの話におよんだ時、長い沈黙を破るように、おもむろに腰を上げ、大きく頑丈な衣装ダンスの上から、それを取り出して見せてくれた。その時、背筋がぞっとするような、戦慄を覚えたことを鮮明に記憶している。今思うに、その人とともに、知人の女性も、「友人の友人」の一人であったのかもしれない。女性のマフィアも存在すると聞いたことがある。

数年前に、久しぶりに一泊のパレルモ訪問を果たした。危篤に陥ったその知人の女性、アドリアーナ・カンツォネーリを見舞うためである。ベッドの横には、本書でも述べた、今は亡きシチリア出身の作家レオナルド・シャーシャのラッカルムートの自宅で撮った三人の写真が飾られていた。命の長くないことを悟っていた彼女は、形見分けとして、二枚の絵を用意していた。明治時代に「お雇い外国人」として、彫刻を教えたシチリア人のヴィンチェンツオ・ラグーザと結婚し、シチリアに住んだラグーザお玉の絵である。家族のいなかった知人の女性の最期をみとったのは、パレルモに亡命していたスリランカのタミール族の男性である。パレルモ訪問から半年後に、その彼から、訃報の電話があった。本書には多くの記憶がつまっている。きわめて個人的で、センチメンタルなものであるが、それが再刊に同意した理由の一つである。

本書は、一九八〇年ごろまでに出版されていた史料や研究書を踏まえて執筆したものではあるが、それまでのマフィア研究をまさに根底から否定する研究書が一九九三年に出版された。それは、邦訳もあるサルヴァトーレ・ルーポの『マフィアの歴史』（北村暁夫訳、白水社、一九九七年）である。その中で、マフィアは規約にもとづき、フリーメーソンに似た入会儀式をともなう組織、シチリア西部の歴史的・文化的特殊性ではマフィアを説明できない、マフィアの掟としてのオメルタは絶対的なものではないなど、これまでのマフィア研究の全面否定ともいえる指摘がおこなわれた。もちろん、本書の中心的内容にもかかわる批判であった。訳者の北村暁夫氏は、ルーポの『マフィアの歴史』を「すぐれて論争の書」と述べている。私は、研究テーマを今は大きく変え、一九八〇年以降のマフィア研究をフォローしていない。また、ルーポが提起した論点の一つ一つ、たとえばマフィアが秘密結社の規約にもとづく、血の入会儀式を備えていたことなどに、反論できるだけの史料も持ち合わせていない。

この「論争の書」であるルーポの『マフィアの歴史』をもとに、日本でも新しい、本格的なマフィア研究が現れるためにも、本書の再刊がその「たたき台」になれば幸いである。研究は、「たたき台」があればこそ、さらに前進すると考えるからである。それが、再刊に同意した第二番目の理由である。

以上のような二つの理由から再刊を決意したが、文章や論旨に一貫性を欠く部分の加筆・訂正と、一般の読者のために小見出しを増やし、改行をおこない、読みやすい工夫をした以外は、手を加えていない。また、編集者から一九八六年にパレルモで始まるマフィア大裁判、ファルコーネ判事殺害などの加筆を求められたが、本書の目的が組織犯罪としてのマフィアではなく、シチリアの歴史的産物としてのマフィアを論ずることであることは変わらないので、加筆はおこなわなかった。

最後に、アドリアーナ・カンツォネーリの共通の知人でもあり、シャーシャの訳書もある、シチリア文学だけでなく、シチリアの風土に精通されている武谷なおみさんに「解説」をお願いした。それによって、私たちのローマ留学時代の思い出が加わることとなった。記して、感謝する。

二〇〇九年六月二〇日

藤澤房俊

解　説

武谷なおみ

真っ青な海と巨大な岩山が姿をあらわし、機内のアナウンスでパレルモ「ファルコーネ・ボルセッリーノ空港」への着陸が告げられると、祈りに近い気持ちがこみあげる。ローマなら「レオナルド・ダ・ヴィンチ空港」、ヴェネツィアなら「マルコ・ポーロ空港」。街の玄関に歴史上の人物の名前がついている点では同じだが、パレルモのそれは、あまりにも悲しく、記憶に新しい。

ファルコーネとボルセッリーノは、一九八六年にはじまった史上初のマフィア「大裁判」の立役者として知られる二人の判事である。法廷内に檻を設けて四百七十五人の被告を裁き、一九九二年の最終判決では、十九人のボスに終身刑を言いわたした。だがその直後にマフィアは相ついで報復に出た。ファルコーネは空港から家にむかう途中、高速道路の陸橋に仕掛けられたリモコン操作の爆弾で夫人とともに車ごと吹き飛ばされ、ボルセッリーノは、急に思い立って母親を訪問しようとしたある日、門の呼び鈴を押した瞬間、近くに止まっていた車が爆発して、五人の護衛もろとも宙に舞った。あれから十七年……。

二十一年ぶりに再登場する藤澤房俊著『シチリア・マフィアの世界』には、当然この事件への言及はない。藤澤氏から「解説」の依頼をうけたとき、最初に躊躇したのもこのことだった。「マフィアの今は分からない、分からないマフィアになら、関心があるけれど」と返事をした。小説の登場人物をとおしてシチリアを理解しようとするわたしに「そう、あなたはぶ・ん・が・く、だからね」といつも、からかい半分に応じてきた藤澤氏である。

だが、あらためてこの本を読んで気がついた。「シチリア民衆のメンタリティ」に重点をおく著者は「呼吸する空気」のようなマフィアの解明につとめたと「あとがき」に記している。それなら迷う余地はない。イタリア統一から「大裁判」にいたるまで、シチリア人の存在形態としてのマフィアの変遷を生涯にわたって洞察したレオナルド・シャーシャ（一九二一〜一九八九）の言葉と歴史を対照しよう。彼は第四章で語られる、アメリカ軍のシチリア上陸に最大の貢献をしたマフィアの頭目ドン・カーロと同じカルタニセッタ県の出身で、祖父も父も硫黄鉱山で働いていた。そういえば、かつてわたしにシャーシャ訪問の後押しをしてくれたのも藤澤氏ではないか。南の島の謎にせまるために、史実と文学をクロスすることにした。

『シチリア・マフィアの世界』第一章で議論されているマフィアの語源について、シャーシャの登場人物は短篇『言語学』のなかで、次のような問いかけをする。「アラビア語からきてると思われるんで？」「おそらくそうだよ、きみ、おそらくね……。だが、言葉については確実な科学なんていうものはない。どっから来て、どんな道をたどって、意味がどう変わったか、もう支離滅裂なんだ」

こんなやりとりではじまる作品の冒頭は、教授と学生の言語をめぐる対話のように思われる。だが読み進むにつれこの二人はマフィアのボスとその子分で、発足したての反マフィア委員会から出頭を求められている若い子分に親分が、法廷を煙にまく弁論術を指南しているところであると分かる。百戦錬磨のボスは、イタリア王国誕生いらい出版されたありとあらゆる辞典を総動員して、羊といっしょに育ったという無学な子分に「教養」をさずけるのだ。「ある時点までいくと、なにがなにやら分からなくなる。歴史や、言語学や、匿名の手紙の間で、なにがなにやらもうさっぱり……」「プロ・シチリア」と民俗学者ピトゥレの関係に、ボスがふれる箇所もある。「鳥みたいに軽そうな、空気を食って生きているように見える爺さんだったな」と述懐し、高名な学者の説を皮肉たっぷりに、一語一語読んで聞かせる。「マフィアは派閥でも結社でもなく、法規も定款ももたない。マフィアの人間は泥棒ではない、山賊ではない……。マフィアとは自己の良心であり、個人の力を最大限広げた概念であり、あらゆる対立、あらゆる利益や意見の衝突の唯一無二の調停者である。侮辱をうけると、法にも正義にもたよらず、個人で復讐をする。力が不足している場合には、思いを同じくする者の手を借りて」

「天使のような書きっぷりですな」と子分は感心するのだが、このピトゥレの肝いりで結成された組織「プロ・シチリア」が、シチリアとマフィアを同一視する傾向を払拭する役目をはたし、その効果もあって、シチリア銀行前頭取のノタルバルトロ列車殺人事件の被告が無罪となった過程は、本書の第二章に詳しい。

老齢のボスはたびたび脱線し、「一九四三年にアメリカ軍がわしを市長に任命したときは」とつい口をすべらせて真実を語ったり、若い子分らが誤って仕掛けた爆弾の暴発で憲兵が大勢死に、その葬儀に「わしは参列する役回りだったのだぞ」と愚痴ったりもする。反マフィア委員会が設立された一九六三年にもまだ町の要職についていた古いマフィアの姿を彷彿とさせる言葉である。世代交代を断固拒否するかのようにボスは、「テロリスト的手段についてはご破算にしよう。われわれは秩序を重んじる人間だからな……決着をつけるべきときは、今後もすべて昔の方法でやる」と宣言し、農村型マフィアから都市型マフィアへ、散弾銃から爆弾の使用への移行に異を唱えている。

やはり六〇年代前半に発表されたシャーシャの長篇『真昼のふくろう』にも、ボスと子分の対話が挿入されている。本書の第五章に該当する時代で、パレルモはまさに建築ブーム、新しいマフィアがすでに大臣や与党キリスト教民主党の国会議員と太いパイプで結ばれている様子がうかがえる。「むかしはムッソリーニが議員や市長を任命し、思いつくことはなんでもやった。今は議員や市長は民衆が選びます」と訳知り顔の子分を、ボスは歯牙にもかけずにあざ笑う。「民衆。民衆か……寝とられ亭主みたいに裏切られてきた民衆は、ずっと寝とられ亭主のままさ」

さらにボスはシチリア男にとって最大の不名誉を意味する「寝とられ亭主」のイメージを比喩で誇張して、シチリアの状況を説明する。「民衆とか民主主義とかはでっちあげだ……。それに人類は、どうひいき目に見ても、寝とられ亭主の頭にはえてる角《つの》でいっぱいの森と同じだ……。そんな角の上で散歩を楽しんでいるのが誰だか分かるかね？　まず第一に、これはよく覚えておくのだぞ、神父たちだ、二番目が、政治家ども……。三番目が、わしやおまえのような者らだ」

この作品には、巨悪に挑むべくマフィアのボスの銀行口座の抜き打ち監査をもくろむ、北イタリア出身の憲兵警察の大尉が登場する。藤澤氏が最終章に記すパレルモ知事ダッラ・キエーザ将軍のマフィアとの闘いを、この登場人物が先取りしていたと見る批評家は大勢いる。だがコネ社会のシチリアで「紳士」と呼ばれるボスたちがどんな種類の推薦に手をそめているのか、大尉は理性的に質問することさえままならない。「あらゆる種類だよ。入札、銀行に就職を世話してやる口利き、高校の卒業証明書、補助金……」「そうした推薦を誰にするのです？」「なにかができる力のある友人たちにだ」「そのことでなんらかの特典や、利益や、感謝の印を引き出しますか？」「友情ですな」「でも、ときには……」「ときには、クリスマスに、お菓子を贈られることがある」「あるいは小切手ですね？」

「友情の法」や「家族の法」が「国家の法」にまさる土地で捜査が妨害され、失意のうちに北イタリアに帰った大尉は、友人にシチリアの印象を問われて「信じられないところだ」とこたえる。だが彼は心のなかでこうも呟く。「信じられないのはイタリアも同じだ。イタリアがどれほど信じられないところかを確かめるには、シチリアに行かねばならない」

『シチリア・マフィアの世界』の執筆に着手した二十二年前、藤澤氏の頭にもこんな思いが渦巻いていたのではなかろうか。各所に添えられた写真が、ふつうのジャーナリスティックなマフィア本とは異なる「シチリア民衆のメンタリティ」を投影しているのは明らかで、近代イタリア史を専門にする著者の並々ならぬこだわりが感じられる。

最後にもうひとつ、シャーシャの『アメリカの伯母さん』から数行を引用したい。貧しい村の善良な家庭でくらす生意気ざかりの少年が主人公だ。

「夜になるとペンキを塗った鍋をもって、ぼくらは分離主義者たちといっしょに村をねり歩いた。彼らは壁に落書きしながら行くのだ。〈フィノッキアーロ・アプリーレ万歳！　シチリア独立万歳！　シチリアの敵打倒、シチリアに産業を！〉ぼくらにとって、またとない遊びだった。〈アメリカ万歳！　四十九番目の星万歳！〉刷毛の下からとりわけこんな文章が生まれてきたときは、ぼくの分離主義に対する信仰は狂信的なものになった。四十九番目の星がシチリアだということが分かった。アメリカの国旗は四十八の星をもつ、シチリアを加えると四十九。ぼくらがアメリカ人になれる手段があったのだ」

ムッソリーニ支配の二十年間はマフィアが息をひそめていたと多くの著者がファシズムの時代を素通りしているのに対して、藤澤氏のこの本では、第三章と第四章に力点がおかれている。ラッキー・ルチアーノや山賊ジュリアーノについてはむろんのこと、シチリア独立運動でもアメリカの大きな影がちらつくなかで、マフィアの戦後がはじまるのだ。ちいさな村であればあるほど、シチリアの家庭は、親戚縁者がアメリカに移民で渡っているケースが多い。シチリア独立運動が扇動的で実現の可能性のうすいものであったとしても、アメリカの一州になるという夢想がシチリアの若者にアピールしたという藤澤氏の指摘は、マフィアの今を考える上で、ますます重要であろう。

「シチリア民衆のメンタリティ」をこんなふうに詳細に提示してくれた『シチリア・マフィアの世界』に感謝。そしてこの本の再版を機に、マフィアをハリウッド映画の特許と見なさず、シチリアをイタリア経由でアメリカまで拡大して、近現代史を問う読者がふえることをつよく願いたい。

（大阪芸術大学教授、イタリア文学）

KODANSHA

本書の原本は一九八八年十二月、中央公論社から刊行されました。

藤澤房俊（ふじさわ　ふさとし）

1943年，東京に生まれる。早稲田大学大学院博士課程修了。文学博士。東京経済大学教授を経て，現在，同大学名誉教授。著書に，『赤シャツの英雄ガリバルディ――伝説から神話への変容』（第十一回マルコ・ポーロ賞受賞），『地中海の十字路＝シチリアの歴史』『匪賊の反乱――イタリア統一と南部イタリア』『大理石の祖国――近代イタリアの国民形成』，訳書に，スティーブン・ランシマン著『シチリアの晩禱』（榊原勝共訳）など。

講談社学術文庫

定価はカバーに表示してあります。

シチリア・マフィアの世界《せかい》

藤澤房俊《ふじさわふさとし》

2009年10月13日　第1刷発行
2024年6月7日　第6刷発行

発行者　森田浩章
発行所　株式会社講談社
東京都文京区音羽 2-12-21 〒112-8001
電話　編集（03）5395-3512
販売（03）5395-5817
業務（03）5395-3615

装　幀　蟹江征治
印　刷　株式会社ＫＰＳプロダクツ
製　本　株式会社国宝社
本文データ制作　講談社デジタル製作

ISBN978-4-06-291965-4

「講談社学術文庫」の刊行に当たって

これは、学術をポケットに入れることをモットーとして生まれた文庫である。学術は少年の心を養い、成年の心を満たす。その学術がポケットにはいる形で、万人のものになることは、生涯教育をうたう現代の理想である。

こうした考え方は、学術を巨大な城のように見る世間の常識に反するかもしれない。また、一部の人たちからは、学術の権威をおとすものと非難されるかもしれない。しかし、それはいずれも学術の新しい在り方を解しないものといわざるをえない。

学術は、まず魔術への挑戦から始まった。やがて、いわゆる常識をつぎつぎに改めていった。学術の権威は、幾百年、幾千年にわたる、苦しい戦いの成果である。こうしてきずきあげられた城が、一見して近づきがたいものにうつるのは、そのためである。しかし、学術の権威を、その形の上だけで判断してはならない。その生成のあとをかえりみれば、その根は常に人々の生活の中にあった。学術が大きな力たりうるのはそのためであって、生活をはなれた学術は、どこにもない。

開かれた社会といわれる現代にとって、これはまったく自明である。生活と学術との間に、もし距離があるとすれば、何をおいてもこれを埋めねばならない。もしこの距離が形の上の迷信からきているとすれば、その迷信をうち破らねばならぬ。

学術文庫は、内外の迷信を打破し、学術のために新しい天地をひらく意図をもって生まれた。文庫という小さい形と、学術という壮大な城とが、完全に両立するためには、なおいくらかの時を必要とするであろう。しかし、学術をポケットにした社会が、人間の生活にとってより豊かな社会であることは、たしかである。そうした社会の実現のために、文庫の世界に新しいジャンルを加えることができれば幸いである。

一九七六年六月

野間省一

外国の歴史・地理

モンゴルと大明帝国
愛宕《おたぎ》松男・寺田隆信著
征服王朝の元の出現と漢民族国家・明の盛衰。チンギス＝カーンによるモンゴル帝国建設とそれに続く元の中国支配から明の建国と滅亡までを論述。耶律楚材の改革、帝位簒奪者の永楽帝による遠征も興味深く説く。
1317

朝鮮紀行 英国婦人の見た李朝末期
イザベラ・バード著／時岡敬子訳
百年まえの朝鮮の実情を忠実に伝える名紀行。英人女性イザベラ・バードによる四度にわたる朝鮮旅行の記録。国際情勢に翻弄される十九世紀末の朝鮮とその風土、伝統的文化、習俗等を活写。絵や写真も多数収録。
1340

アウシュヴィッツ収容所
ルドルフ・ヘス著／片岡啓治訳（解説・芝　健介）
大量虐殺の責任者R・ヘスの驚くべき手記。強制収容所の建設、大量虐殺の執行の任に当ったヘスは職務に忠実な教養人で良き父・夫でもあった。彼はなぜ凄惨な殺戮に手を染めたのか。本人の淡々と語る真実。
1393

古代中国 原始・殷周・春秋戦国
貝塚茂樹・伊藤道治著
北京原人から中国古代思想の黄金期への歩み。原始時代に始まり諸子百家が輩出した春秋戦国期に到る悠遠な時間の中で形成された、後の中国を基礎づける独自の文明。最新の考古学の成果が書き換える古代中国像。
1419

中国通史 問題史としてみる
堀　敏一著
歴史の中の問題点が分かる独自の中国通史。中国の歴史をみる上で、何が大事で、どういう点が問題になるのか。書く人の問題意識が伝わることに意を注ぎ古代から現代までの中国史の全体像を描き出した意欲作。
1432

コーヒー・ハウス 18世紀ロンドン、都市の生活史
小林章夫著
珈琲の香りに包まれた近代英国の喧噪と活気。十七世紀半ばから一世紀余にわたりイギリスの政治や社会、文化に多大な影響を与えた情報基地。その歴史を通し、爛熟する都市・ロンドンの姿と市民生活を活写する。
1451

外国の歴史・地理

オランダ東インド会社
永積《ながづみ》　昭《あきら》著（解説・弘末雅士）

東インド貿易の勝利者、二百年間の栄枯盛衰。香料貿易を制し、胡椒・コーヒー等の商業用作物栽培に進出して成功を収めたオランダ東インド会社は、なぜ滅亡したか？ インドネシア史を背景にその興亡を描く。

1454

大清帝国
増井経夫著（解説・山根幸夫）

最後の中華王朝、栄華と落日の二百七十年。政治・経済・文化等、あらゆる面で中国四千年の伝統が集大成された時代・清。満州族による建国から崩壊までを描き、そこに生きた民衆の姿に近代中国の萌芽を読む。

1526

酒池肉林　中国の贅沢三昧
井波律子著

中国の厖大な富が大奢侈となって降り注ぐ。甍を競う巨大建築、後宮三千の美女から、美食と奇食、大量殺人、麻薬の海、そして精神の蕩尽まで。四千年をいろどる贅沢三昧の中に、もうひとつの中国史を読む。

1579

魏晋南北朝
川勝義雄著（解説・氣賀澤保規）

〈華やかな暗黒時代〉に中国文明は咲き誇る。秦漢帝国の崩壊がもたらした混乱と分裂の四百年。専制君主なき群雄割拠の時代に、王羲之、陶淵明、『文選』等を生み出した中国文明の一貫性と強靱性の秘密に迫る。

1595

古代ギリシアの歴史　ポリスの興隆と衰退
伊藤貞夫著

西欧文明の源流・ポリスの誕生から落日まで。先史文明から諸王国の崩壊を経て民主政を確立した都市国家。ペルシア戦争に勝利し黄金期を迎えたポリスがなぜ衰退したか。栄光と落日の原因を解明する力作。

1665

古代インド
中村　元著

モヘンジョ・ダロの高度な都市計画から華麗なグプタ文化まで。苛酷な風土と東西文化の混淆が古代文明を育んだ。古代インドの生活と思想と、そこに展開された原始仏教の誕生と変遷を、仏教学の泰斗が活写する。

1674

外国の歴史・地理

堀越孝一著
中世ヨーロッパの歴史
ヨーロッパとは何か。その成立にキリスト教が果たした役割とは？　地中海古代社会から森林と原野の内陸部へ展開、多様な文化融合がもたらしたヨーロッパ世界の形成過程を「中世人」の眼でいきいきと描きだす。

1763

J・ギース、F・ギース著／青島淑子訳
中世ヨーロッパの都市の生活
一二五〇年、トロワ。年に二度、シャンパーニュ大市が開催され、活況を呈する町を舞台に、ヨーロッパの人々の暮らしを逸話を交え、立体的に再現する。活気に満ち繁栄した中世都市の実像を生き生きと描く。

1776

伊東俊太郎著（解説・三浦伸夫）
十二世紀ルネサンス
中世の真っ只中、閉ざされた一文化圏であったヨーロッパが突如として「離陸」を開始する十二世紀。多くの書がラテン訳され充実する知的基盤。先進的アラビアに接し文明形態を一新していく歴史の動態を探る。

1780

岡田英弘・神田信夫・松村　潤著
紫禁城の栄光　明・清全史
十四～十九世紀、東アジアに君臨した二つの帝国。遊牧帝国と農耕帝国の合体が生んだ巨大な多民族国家・中国。政治改革、広範な交易網、度重なる戦争……。シナが中国へと発展する四百五十年の歴史を活写する。

1784

岩村　忍著
文明の十字路＝中央アジアの歴史
ヨーロッパ、インド、中国、中東の文明圏の間に生きた中央アジアの民。東から絹を西から黄金を運んだシルクロード。世界の屋根に分断されたトルキスタン。草原の民とオアシスの民がくり広げた壮大な歴史とは？

1803

井上浩一著
生き残った帝国ビザンティン
興亡を繰り返すヨーロッパとアジアの境界、「文明の十字路」にあって、なぜ一千年以上も存続しえたか。ローマ皇帝・貴族・知識人は変化にどう対応したか。ローマ皇帝の改宗から帝都陥落まで「奇跡の一千年」を活写。

1866

外国の歴史・地理

福井憲彦著
興亡の世界史　近代ヨーロッパの覇権

長くアジアの後塵を拝したユーラシア極西部の国々は、一五世紀末に始まる大航海時代を皮切りに、世界を圧倒した。二度の世界大戦で覇権を失うも、欧州統合により再生し、新時代を模索するヨーロッパの光と影。

2467

羽田　正著
興亡の世界史　東インド会社とアジアの海

一七世紀、さかんな交易活動で「世界の中心」となっていた喜望峰から東アジアにいたる海域に、東インド会社が進出した。「史上初の株式会社」の興亡と、二〇〇年間の世界の変貌を描く、シリーズ屈指の異色作！

2468

井野瀬久美惠著
興亡の世界史　大英帝国という経験

大陸の片隅の島国は、「アメリカ植民地の喪失」をステップに大帝国へと発展した。博物館と万国博、紅茶、石鹼、ミュージック・ホール。あらゆる文化と娯楽を手にした「博愛の帝国」の過去は何を問いかけるか。

2469

平野　聡著
興亡の世界史　大清帝国と中華の混迷

ヌルハチ率いる満洲人の国家は、長城を越えて漢人を圧倒し、大版図を実現した。康熙帝・雍正帝・乾隆帝の最盛期から清末まで、栄光と苦闘の三〇〇年を描く。チベット仏教に支えられた、輝ける大帝国の苦悩とは。

2470

鈴木　董著
オスマン帝国の解体　文化世界と国民国家

民族・言語・宗教が複雑に入り組む中東・バルカンを数世紀にわたり統治した大帝国の政治的アイデンティティ、社会構造、人々の共存システムとはなにか？世界史的視点から現代の民族紛争の淵源を探る好著。

2493

織田武雄著
地図の歴史　世界篇・日本篇

文字より古い歴史をもつと言われる地図には、人々の世界観が描かれる。人類はどのような観念を地図に込め、現実の世界とつなごうとしたのか。数多のエピソードと百六十点超の図版で綴る、歴史地理学入門書。

2498